Spiele spielen die verwandeln

INTEGRAL

Hugh Prather

Spiele spielen die verwandeln

Ein Wachstumspfad der Fantasie

Integral Verlag

Aus dem Amerikanischen
von Christopher Baker und Ludvika Müller
Redaktion: Volker Rudolf Karrer

Titel der Originalausgabe:
A BOOK OF GAMES — A COURSE IN SPIRITUAL PLAY
erschienen bei Doubleday & Company, Inc., Garden City, NY

CIP-Titelaufnahme der Deutschen Bibliothek

Prather, Hugh:
Spiele spielen, die verwandeln : e. Wachstumspfad d. Fantasie / Hugh Prather. [Aus d. Amerikan. von Christopher Baker u. Ludivika Müller]. - Wessobrunn : Integral-Verl., 1988

(Spiritualität & [und] sinnliche Erfahrung ; 5)
Einheitssacht.: A book of games <dt.>
ISBN 3-89304-002-1

NE: GT

Von Hugh Prather liegen in englischer Sprache 8 Bücher vor, darunter:
Notes on Love and Courage; I Touch the Earth, the Earth Touches Me; A Book of Games; A Book for Couples (mit Gayle Prather)

Deutsche Erstausgabe

88 89 90 3. 2. 1.

Satz: ZERO Typografischer Betrieb, Rheinberg
Fotos: Rolf Karrer-Kharberg (aus dem Nachlaß)
Druck und Bindung: Druckhaus Oberammergau

Printed in Germany

HEILEN HEISST GLÜCKLICH MACHEN

— *A Course in Miracles*

Für die Kinder
des »Center for Attitudinal Healing«

Einführung
von Dr. G. Jampolsky*

Hugh Prather schrieb einmal: »Es muß einen anderen Weg durchs Leben geben, einen, auf dem man *nicht* gestoßen und schreiend weitergezerrt wird«. Dieses Buch ist ein erfrischender Führer auf dem *anderen* Weg. Während ich es lese, scheint es mir ganz natürlich, ja fast notwendig — übereinstimmend mit einer inneren Eingebung — daß der Pfad zum Herzen Gottes sanft und glücklich sei. Diese Spiele, die alle sehr wirkungsvolle geistige Übungen sind, verlangen kein Opfer und keine Mühe. Der Leser wird angespornt, seinen Weg in eine neue Wahrnehmung tanzend und nicht schleppenden Schrittes zurückzulegen.

Es gibt Legionen von Spielen in der Welt, und sie alle haben eines gemeinsam: Sie enden alle unausweichlich bedrückend, wenn nicht tragisch. Geld, Romanzen, Respekt, Einfluß, sogar die Spiele des Müßiggangs und der Isolation, alle locken mit einer Trophäe, die verblaßt, sobald wir danach greifen. Am Ende gewinnt keiner.

* Dr. Jampolsky ist Psychiater und ist Gründer und Direktor des »Center for Attitudinal Healing« in Tiburon, Kalifornien. Er ist Autor von »Lieben heißt die Angst verlieren« (deutsch im Felicitas Hübner Verlag und bei Goldmann / Taschenbücher), »Wenn deine Botschaft Liebe ist« und »Die Kunst zu vergeben« (bei Kösel).

Hier gibt es Spiele anderer Art. Jedes löst eine Blockierung in unserem Bewußtwerden der Liebe und hilft zur Erkenntnis, daß wir im Leben nicht allein sind. Und so wie die Sperren in intensivem, aber freudvollem Spiel wegschmelzen, beginnen wir zu fühlen, daß wir bereits besitzen, was wir so innig wünschen: den Frieden Gottes.

Wir lernen aus diesem Buch, daß Glück unser natürlicher Zustand ist. Wir lernen, daß unsere wahre und einzige Wirklichkeit Liebe ist, Gott selbst vereint sich mit uns zu Einem. Und wir erkennen, daß dies für heute, für diesen Augenblick Bedeutung hat — so wie wir weitergehen von einer Situation zur nächsten, wie wir Menschen treffen, Entscheidungen fällen. Glück ist das brauchbarste Instrument.

Diese Spiele entstanden aus Hugh's Beratungsarbeit, aber was noch wichtiger ist, aus seinem Bestreben, die Weisungen der Liebe zu hören und ihnen zu folgen. Er ist mein Freund und Seelengefährte, und ich bin unendlich dankbar für diese Gaben der Liebe für uns alle.

Vorwort

Hugh Prather

Ein Buch, das nicht angreift, kann recht beunruhigend für all diejenigen sein, die gewöhnt sind, Angriffe als wirksames Mittel zur Lösung persönlicher Probleme und der schmerzlichen Leiden der Welt zu betrachten. Dieses Buch geht von der Voraussetzung aus, daß die Art der Wirkung genau die Art der Mittel widerspiegelt, mit der diese Art Wirkung erzeugt wurde. Ein friedliches Herangehen an ein Problem wird ein vollkommen friedliches Ergebnis zeitigen. Dieses Vorgehen wird von vielen als naiv, ja sogar als gefährlich betrachtet. Aber das wird dir nichts ausmachen, wenn du gewillt bist, die vorgeschlagene Methode einfach nur auszuprobieren. Dies ist ein Buch der *»Spiele«*, denn es ist für deinen Erfolg nicht unbedingt notwendig, daß du die Vermutungen, die darin angestellt werden, glaubst. Jedoch ist es ganz wichtig, daß du die Regeln des Spiels so gründlich und beharrlich wie möglich anwendest. Nichts weiter ist erforderlich — damit allein kannst du den vollen Nutzen aus jedem Spiel ziehen. Ein ernsthaftes Herangehen an das Leben muß nicht kompliziert und unerträglich sein. Ganz im Gegenteil. Erfolg ist eine geradlinige Idee, die einfach angewandt und mit Freude erfahren wird. Die Regeln des Lebens sind fair.

Ein Buch der Spiele

Wie du weißt, gibt es neuerdings ein Gerücht, daß ein neuer Meister — bei einigen wird er »Meister des Spiels« genannt — durch die Lande reist. Kürzlich wurde erzählt, daß er dabei sei, ein Buch der Spiele zu verteilen. Die Philosophie, die es lehrt, soll sehr einfach sein: Glück macht alles möglich. Wenn du glücklich bist, kannst du Gottes Lied nicht überhören. Wenn du glücklich bist, wirst du deinen Geist nicht mit Klagen gegen irgendjemand verdüstern; und so bist du von Natur freundlich und stets fair. Und wie könntest du von den zahllosen Versuchungen der Welt nicht frei sein, wenn du in dir eine tiefe Zufriedenheit fühlst. Du würdest weder an jemand vorbeigehen, der in Not ist, noch würdest du versäumen, zur rechten Zeit am richtigen Ort zu sein. Kann Freude und Friede jemals fehl am Platze sein? Freude ist es, aus der Überfülle der Freude zu geben. Und folglich: wenn du glücklich bist, bist du alles, was du jemals zu sein brauchst: liebevoll, gerecht, rein und mitfühlend. Und jeder deiner Schritte ist geleitet und gesegnet durch das Lied Gottes.

Es wird erzählt, daß dieser neue Meister auf seinen Reisen auf überraschend wenig Widerstand gestoßen ist. Wenn nun seine Lehre wahr ist, so ist ein Mensch, der glücklich ist, auch friedlich. Und da für ihn Leid undenkbar ist, wie könnte er daran denken, selbst Schaden zu erleiden? Er geht einfach ruhig seiner Arbeit nach, und doch, von jenen, die behaupten, ihn gesehen zu haben, wird berichtet, daß seine Stimme und sein Trost bei denen bleibt, die ihn erkannt haben.

Das Buch, das der »Meister« jedem gibt, der vielleicht gern seine Lehre nachlesen möchte, enthält, wie man sagt, einen einzigen Kursus. Vielleicht würde man seiner Lehre gerechter werden, wenn man sie als einen Spielkurs bezeichnen würde, denn der Kurs selbst besteht aus nichts anderem als einer Reihe von Spielen. Wenn derjenige, der ihn erhält, einwilligt mitzuspielen, dann schafft der Meister selbst jegliche Illusion, die notwendig ist, um ein Spiel zu beginnen. Oft läßt er dich glauben, daß du zurückgekehrt bist in deine tägliche Routine, in der alles beim Alten ist, außer daß jetzt der einzige Grund für alles was du tust darin besteht, das Spiel zu spielen, welches er dir an jenem Tag zugewiesen hat.

Es ist zum Beispiel gut möglich, daß du den Meister schon getroffen hast, und er es war, der dir dieses Buch gegeben hat. Damit du jedoch wirklich glaubst, daß du in deine tägliche Routine zurückgekehrt bist, erlaubt er dir zu glauben, daß du das Buch unter ganz anderen Umständen erhalten hast, und daß du jetzt nur eben darüber liest, Bitte versuche nicht herauszufinden, was wahr ist, denn es könnte sein, daß du schon zugestimmt hast mitzuspielen.

Wenn du mit deinem Spiel anfängst, ist es sehr wichtig dich daran zu erinnern, daß immer dann, wenn du eine Frage über das weitere Vorgehen hast, und sei sie in deinen Augen auch noch so klein, du einfach innehalten sollst, um den »Meister« darüber zu befragen. Du kannst sicher sein, daß der nächste ruhige Gedanke deine Antwort enthalten wird. Du kannst dies sofort jetzt ausprobieren, wenn du willst. Sei einen Moment lang ganz ruhig und frage, welches Spiel du als erstes spielen sollst. Du wirst erfahren, wie du es aussuchen sollst.

Vielleicht ist gerade eben etwas geschehen, was dir Unbehagen bereitet. Natürlich wird der Meister des Spiels niemandem unter seiner Obhut gestatten, sich unwohl zu fühlen. Er möchte, daß du glücklich bist, denn der Schlüssel zu seiner großen Meisterschaft liegt in seiner Erkenntnis begründet, daß Erleuchtung und Sanftheit im Denken genau dasselbe sind. Wir wollen deshalb betrachten, was geschehen sein kann.

Du hast möglicherweise zwei Antworten gehört, nachdem du gefragt hast. Falls dem so war, wolltest du vielleicht gern wissen, welche die Stimme des Meisters war, und diese Frage mag dich verwirrt haben. Hier ist ein einfacher Test. Einer deiner Gedanken enthielt Anweisungen dahingehend, was jetzt zu tun sei. Dies war die Stimme des »Meisters«, der in Gestalt deiner eigenen Gedanken zu dir kam. Der andere Gedanke, sofern er da war, suggerierte dir einen Grund beunruhigt zu sein, aber er bot keine klaren Anweisungen an. Auf die eine oder andere Weise sagt dir der Meister immer, »tu *dies*, denn es wird dir am besten gefallen«, wogegen die Stimme des Nicht-Spiels einander widersprechende Betrachtungen ins Feld führt, jedoch nie deutlich in eine Richtung weist. Bitte sei dir klar darüber, daß du nicht einen Augenblick lang in Furcht oder Konflikt leben mußt. Vergiß einfach das, was du gehört und was dich durcheinandergebracht hat, und folge der Stimme des Friedens. Erinnere dich auch daran, daß das, was du tun sollst, durchaus etwas sein kann, was du als nur mental einstufen wirst.

Der Meister wird dir mitteilen, wann du deinen Kursus beendet hast. Er wird dir sogar mitteilen, ob du überhaupt damit anfangen sollst. Mit anderen Worten, lies in diesem Buch nur solange wie es dir Freude bereitet. *Freude ist die Stimme des Meisters.* Allein dadurch, daß du bis zu diesem Punkt gelesen hast, kannst du sicher sein, daß der »Meister« dich von jetzt an begleitet.

Und so wünsche ich dir, liebe Spielgefährtin, lieber Spielgefährte, im Namen des Meisters des Spiels, den ich, ebenso wie auch du, getroffen habe, ein unbeschwertes Herz und die sanfte Kraft der Fantasie. Alle deine Spiele sollen dich zum Singen bewegen, und was auch immer von deinem Denken berührt wird, soll sich in Musik verwandeln.

Verzeichnis der Spiele

Geheimagent

Ein Realitätsspiel

Friede ist jetzt dein einziges Ziel. In allem was sich ereignen wird, wird er dir als Geschenk dargeboten. Jedem Anblick und jedem Geschehen kann nichts anderes zugrunde liegen als dies.

Immer wenn du heute einen Augenblick Zeit hast, erinnere dich an einen Gedanken wie diesen hier: »Ich werde mich nicht damit abgeben zu verbessern, zu beeindrucken, zu argumentieren, zu widerstehen, zu beruhigen oder zu widersprechen. In allen meinen heutigen Begegnungen möchte ich den Weg des Friedens wählen.«

Das heutige Spiel kann in jedem Zusammensein, in zufälligen Begegnungen oder bestehenden Beziehungen angewandt werden, seien sie innerlich oder äußerlich. Du kannst es in jeglicher Weise ausbauen, ganz wie es dir gefällt, aber behalte das Ziel des Spiels klar im Auge.

SPIEL

Du bist jetzt ein Geheimagent aus einem anderen Königreich. Der Auftrag, der dir von deinem König persönlich erteilt wurde, ist so klar umrissen wie damals der der berühmten Verführerinnen des Ersten und Zweiten Weltkriegs, deren Ziel es war, militärische Geheimnisse zu erfahren. Zu diesem Zweck konnten sie alles sagen oder tun. Dein Ziel jedoch ist nicht etwas zu bekommen, sondern nur etwas zu haben: du sollst *Frieden haben* mit jedem, den du triffst. Um dies zu erreichen, kannst du sagen oder tun was du möchtest. Auf keinen Fall solltest du dir Gedanken über dein Verhalten machen, oder darüber, wie ein anderer sich dir gegenüber verhält. Auch sollst du nicht zwischen äußeren Begegnungen und solchen, die nur auf geistiger Ebene stattfinden, unterscheiden. Eine Begegnung, die man sich ins Gedächtnis zurückruft, oder eine künftige, die man sich vorstellt, oder aber eine erfundene — in ihrer Bedeutung stehen sie »wirklichen« Begegnungen zwischen dir und jemand anderem in nichts nach.

Sollte jemand glauben, in deiner Gegenwart über andere tratschen zu müssen oder sonst etwas zu tun, was du früher mißbilligt hättest, dann bist du jetzt angewiesen, ihn innerlich nicht zu verurteilen. Dein Ziel ist nicht, ihn dazu zu bringen, daß er sich dem anpaßt, was man als ordentliches Betragen wertet, sondern nur dafür zu sorgen, daß zwischen euch ein wirkliches Gefühl der Arglosigkeit und des freundlichen Umsorgens besteht. Ebenso liegt es nicht in deinem Interesse, verbale Übereinstimmung mit irgend jemandem zu erreichen, weil du weißt, daß Harmonie nicht unbedingt am äußeren Erscheinungsbild abgelesen werden kann.

Jedesmal wenn es dir gelingt, auch nur einen Moment der Gutwilligkeit zwischen dir und einem anderen zuzulassen, ist es deine Pflicht, dies deinem König zu melden. Du wirst dies mit Hilfe einer mentalen Übermittlungsvorrichtung tun, die schon vorher eingerichtet worden ist. Das Codewort, welches du verwenden sollst, lautet: »Danke«.

Bankier

Ein Gebetsspiel

Das heutige »Gebetsspiel« ist dafür gedacht, dir zu einer Aufstellung deiner gesamten Investitionen zu verhelfen. Da dein Herz dort ist, wo deine Schätze sind, ist diese Übersicht wichtig für dich. Der Meister will nicht, daß dein Herz schmerzt, und da Schmerzen nichts mit Weiterentwicklung zu tun haben, gibt es überhaupt keinen Grund dafür, daß sie dich auf deinem Weg begleiten.

SPIEL

Unterbrich heute bitte drei Mal, nur für einen Augenblick, was du gerade tust. Für dieses besondere Gebetsspiel wird es hilfreich sein, wenn du eine Tätigkeit unterbrechen kannst, die du normalerweise in einem Zuge durchführst. Es ist ein Denkschema, das du aufbrechen sollst. Dein Verstand wird ein Ziel vorgeben, das unwichtig ist, und du wirst dich einfach an etwas Wichtigeres erinnern. Du könntest zum Beispiel, wenn du mit anderen zusammen beim Essen sitzt, mittendrin sagen: »entschuldigt mich. Ich bin gleich zurück«. Und dann gehe in ein ruhiges Zimmer und nimm dir einen Augenblick Zeit, dieses Spiel zu spielen.

Während dieser Pause überprüfe deine Gefühle, die du in diesem Augenblick hast. Es ist nicht nötig, daß du dir eine frühere Zeit zurückrufst, in der du vielleicht stärkere Gefühle hattest. Jedes Gefühl, das du jetzt wahrnimmst, das nicht von reinem Wohlbehagen und reiner Freude ist, genügt dem Zweck dieses Spiels. Betrachte die Gefühle, auf die diese Beschreibung zutrifft, wie z. B. Eintragungen in ein Sparbuch oder auf einen Bankauszug. Solche Gefühle zeigen dir genau, in welche äußeren Erscheinungen du investiert hast. Du hast einer Sache »da draußen« einen hohen Wert beigemessen. Entweder willst du sie ändern oder so lassen wie sie ist, und du bist besorgt oder traurig darüber, daß diese Regel des Glücklichseins, die du dir gesetzt hast, gebrochen werden könnte. Die Tatsache, daß du versuchst, die Spielregeln zu definieren, nach denen du glücklich sein kannst, sollte dir zeigen, daß in einem sehr realen Sinn dein Herz dort ist, wo du deine Schätze aufbewahrst.

Nachdem du einen Augenblick lang die Ergebnisse deiner Investitionen überprüft hast, nimm dir noch einen Moment, deine Investitionen und dein Herz zurückzuziehen. Gib sie dahin, wo sie dir nicht weh tun können. Sage: »Ich habe kein Interesse mehr daran (was diese Person entscheidet; wie diese Sache ausgeht; was ich tun muß, um im rechten Licht zu erscheinen). Stattdessen bin ich am Frieden Gottes interessiert. Allein der Friede Gottes zählt für mich. Der Friede Gottes ist alles, was ich habe, alles was ich bin, und alles was ich jemals brauchen oder wünschen könnte.«

Sodann kehre zu der Tätigkeit zurück, die du unterbrochen hast und trage in dir ein neues Ziel: dich wohlzufühlen und unbesorgt zu sein, die Dinge so zu nehmen wie sie sind, und alle am Frieden Gottes teilnehmen zu lassen.

Tanzensemble

Ein Wortspiel

SPIEL

Alle Worte drängen sich in eine Reihe, eins hinter das andere, so ähnlich wie bei einem gut geübten Gänsemarsch. Von oben gesehen ist diese Formation eindeutig in der Form eines Pfeils ausgebildet. Dies gilt gleichermaßen für Worte die gedacht, wie auch für solche die gesprochen werden.

Der Wortpfeil weist in eine bestimmte Richtung und verlangt vom Angesprochenen, daß er nach innen schaue, um zu sehen, worauf jener gezielt hat. Er deutet entweder auf Bilder der Dunkelheit oder auf eine Szene des Lichts, auf »Schuld« oder auf Heiligkeit und Frieden.

Auf welche davon du die Aufmerksamkeit eines anderen lenken wolltest, kann eindeutig an seiner Reaktion abgelesen werden. Wenn du versuchst, sein Denken auf die dunkle Seite in ihm zu richten, sagst du die Unwahrheit, und deine Worte werden ihn nicht glücklich machen. Und weil du glauben wirst, daß du ihn angegriffen hast, wenn auch »zu seinem Besten«, so wirst du dennoch seine Reaktion als einen Angriff auf dich auffassen.

Dieses Auftreten von Rache läßt sich nicht verhindern, weil du gewollt hast, daß er verletzt würde, und seine vermeintliche Verletzung auf dich als Angreifer hindeuten wird. Mache jetzt nicht einen Schritt zurück, und versuche *nicht* ihn mit deinem Schuldgefühl zu heilen. Erkenne nur, daß du ihn nicht verletzt hast, weil nämlich die Dunkelheit, auf die du hingedeutet hast, niemals vorhanden war. Kann ein Kind Gottes jemals Dunkelheit im Herzen tragen? Und kannst du »schuldig« sein, wenn du einfach nur einen Fehler gemacht hast?

Richte deine Worte an der Realität aus. Lehre nur das, was wirklich in dir ist. Verwandle jeden Gedanken des Tadels in eine Verherrlichung der Unschuld. Laß deine Worte wie Musik erklingen und deine Gedanken tanzend ihren Weg zur Wahrheit finden, und es wird keine Nacht mehr für dich geben.

Lichtspalt

Ein Lichtspiel

SPIEL

Wenn du um ein Haus herumgehen würdest, das innen hell erleuchtet ist, so würdest du, egal wie sorgfältig es nach außen hin abgedunkelt ist und die Türen verschlossen sind, doch irgendwo ein Lichtpünktchen finden, das durch eine Ritze oder ein winziges Loch nach außen dringt. Es liegt in der Natur des Lichts, einen Weg nach außen zu finden.

Was du vielleicht nicht weißt: Wenn du das spirituelle Licht rufst, das du bei einem andern von innen heraus leuchten siehst, dann wird es durch jedes Hindernis und jeden Schild hindurchbrechen, welche deine Vorurteile ihm in den Weg gestellt haben mögen. Dies trifft auf jeden Lichtfunken zu, den du erkennen kannst, und mag er auch noch so klein erscheinen.

Schau erst auf das *Vorhandensein* des Lichts, das du siehst, und wende dich dann direkt seinem Ursprung zu. Erfahre selbst, wie freudig Licht hervortritt, wenn es gerufen wird. Sag zu dem Kind Gottes, auf das du blickst, nur dies:

»Ich kenne dich, weiß wer du bist,
Du heiliges Kind des Lichts.
Komm her, und gibt mir deinen Segen.«

Schönheitsmittel

Ein Realitätsspiel

Du bist mehr als nur ein Körper, deshalb bist du frei. Um jedoch deine Freiheit zu erkennen, mußt du liebevollen Gebrauch von diesem deinem Körper machen. Wenn der Verstand nun dahinterkommt, daß das Geben in der Tat genau so viel Freude bereitet wie das Nehmen, dann beginnt die Körperwahrnehmung zu schwinden. Du bist dir deines Körpers nur dann sehr stark bewußt, wenn du ihn irrtümlich für ein Hilfsmittel dafür hältst, das zu bekommen, was du dir wünschst. Ihn als »Beschaffungsapparat« zu betrachten erzeugt keine anziehende Vorstellung und folglich wird der Verstand, wenn der Körper auf diese Weise benützt wird, sich ihm nicht mit einem liebevollen Gedanken zuwenden. Doch betrachtet die geistige Haltung, die wir »häßliches Gefühl« nennen, den Körper nicht nur als etwas, wodurch sie bekommen kann, was sie will, sondern auch als etwas, was benützt werden kann und was Freude liefert. In der Hauptbeschäftigung des Verstandes, immer mehr zu bekommen, ist er nun zu beiden gewoden, zum Mittel und zum Zweck. Dies ist ein Mißbrauch der natürlichen Funktionen des Körpers, die darin besteht, daß von anderen erkannt und geschätzt wird.

Der Körper ist wie ein Lautsprecher oder ein Fernseh-Bildschirm. Er bleibt so lange neutral, bis ein Gedanke durch ihn hindurchgeht. Wenn der Gedanke schön ist, dann wird das Kommunikationssystem, durch das er hindurchgeht, geschätzt. Wenn er es nicht ist, dann gehört die daraus sich ergebende Häßlichkeit genausowenig zum Körper wie ein schlechtes Programm zum Fernsehschirm, auf dem es erschienen ist.

Schönheit ist ein Gedanke, der sich ausweitet und dadurch befreit. Häßlichkeit ist ein Gedanke, der sich gegen sich selbst richtet, und so zu seinem eigenen Gefängnisaufseher wird. Das heutige Spiel ist so angelegt, daß man diesen einfachen Unterschied üben kann.

SPIEL

Gestern nacht, während du nach Hause gefahren bist, schwebte über deinem Auto eines jener großen seltsamen Lichter, die manchmal über einzelnen

Autos, die auf verblassenden Landstraßen fahren, schweben. Du wurdest, ein bißchen verschreckt aber unversehrt, in ein herrliches Raumschiff »teleportiert«. Freundliche Lebewesen entschuldigen sich dort bei dir und boten dir warme Getränke an. Sie schienen dich für ein Experiment ausgewählt zu haben, und als du einmal gehört hattest, was sie im Sinn hatten, wolltest du unbedingt mitmachen.

In jeden Teil deines Körpers, von dem du dachtest, daß er einen Mangel aufwies, daß er mißgebildet sei, oder daß er in sonst irgendeiner Weise eine Bedrohung für dich sein könnte, pflanzten die freundlichen Fremden, ohne daß du auch nur das geringste spürtest, ein winziges Kommunikationsgerät ein, welches dann unmittelbar jedem, der diesen Teil deines Körpers anschaute oder auch nur an ihn dachte, eine gedankliche Botschaft übermitteln würde. Die Botschaft, die derjenige, der dich anschaute, immer empfangen sollte, lautete so: »Sei gesegnet, sei gestreichelt«.

Jetzt, wo du diesen Tag durchlebst, bemerkst du, wie deine Nase, Pickel, der Magen, die Stimme, Alter, Haare, oder alles andere von deinem Körper, wovon du dachtest es sei eine Bedrohung für dich, in einer Weise funktionieren, daß sie anderen Gutes tun. Ob du dünn bist oder dick, groß oder klein, du siehst das Zwinkern in den Augen anderer Leute, die wie du geformt sind, und du findest jetzt, daß du kein Verlangen mehr hast, dich von ihnen durch eine Veränderung deines Äußeren abzusondern. Wann immer jemand, der dir die Hand entgegenstreckt, beim Händeschütteln bemerkt, daß an deiner rechten Hand ein Finger fehlt, siehst du jetzt die Freundlichkeit in seinen Augen und du weißt, daß auch er sich sicher ist, daß er, ebenso wie du, von seinem Körper nichts zu befürchten hat.

Du warst letzte Nacht erstaunt darüber, daß die Fremden auch in die Teile deines Körpers Kommunikationsgeräts eingepflanzt hatten, auf die du stolz warst. Du hattest nicht bemerkt, daß du über diese Teile auch ängstliche Gedanken hattest. Jedoch erkennst du jetzt, daß anstatt diese körperlichen Eigenheiten dazu zu benützen um in anderen ein Gefühl von Verlangen, von Sehnsucht oder von Entzug hervorzurufen, es dir viel mehr Freude macht zu wissen, daß nichts in dir ist, was anderen nicht Ruhe und Zuversicht anbieten kann.

Die Fremden sagten dir, daß das Experiment nur einen Tag dauern würde, an dessen Ende du ein Geschenk als Dank für deine Mitarbeit erhalten würdest. Das Geschenk bestand darin, daß du, wann immer du wolltest, deinen Körper auf diese neue Weise würdest benützen können, sogar dann noch, nachdem die Kommunikationsgeräte wieder entfernt worden waren. Sie sagten, daß du nichts anderes zu tun bräuchtest, als die Richtung deiner Gedanken zu ändern. Anstatt sie wie einen Bumerang zurückkommen und sie so dein Bild von dir selbst formen zu lassen, sollst du ihnen nur erlauben, daß sie sanft zu anderen hinausfließen. Dies, sagten sie, würdest du tun können, indem du die Worte: »sei gesegnet, sei gestreichelt«, wiederholst.

In der Vergangenheit war dein Bild von dir selbst durch das geformt, was du glaubtest, daß andere von dir dachten. Die Hauptfrage, die du dir über jeden Teil deines Körpers gestellt hast, lautete: »Was wird diese Person, die mich anschaut, über mich denken?« Und du sahst deinen Körper so wie du dir vorstelltest, daß er im Denken der anderen aussehen würde. Kaum fragtest du, »welche Gedanken hege ich in mir?«, denn du glaubtest nicht, daß diese Frage etwas damit zu tun hätte, wie gut du dich fühltest. Aber du *bist* schön, und deine Versuche, daran herumzurätseln was andere denken, und deine Anstrengungen ihr Denken zu verändern, bringen dich nur dazu, an dir selbst zu zweifeln. Glaube nicht, du müßtest ständig an deinem Körper herummachen, an seinem Äußeren, seiner Form oder seiner Gesundheit, um das zu ändern, was du zu sein glaubst. Du wirst die Schönheit des einfachen Gebens kennenlernen, wenn du deinen Gedanken nicht länger erlaubst zu dir zurückzufliegen. Um freundliche Gedanken über dich selbst zu haben, brauchst du nur freundlich zu denken.

Vielleicht erinnerst du dich erst jetzt an die wunderbaren und sehr verschiedenartigen Gestalten der Fremden. Wie reich ihr Planet doch ist – ebenso wie deiner – mit so vielen verschiedenen Arten von Körpern, auf denen sie ihre Blicke tanzen lassen können.

Unsichtbare Schleusen

Ein Lichtspiel

SPIEL

Auf jeder Seite deines Kopfes wirst du zwischen Schläfe und Ohr je einen Griff für ein Ventil finden. Diese kann man fühlen, man kann sie aber nicht sehen. Es sind Lichtschleusen, die von dem Meister angebracht worden sind. Du kannst sie benützen wann immer du willst. Greife einfach mit beiden Händen nach oben und öffne sie, und Licht wird deine Gedanken durchfluten und überall durch jeden Teil deines Körpers dringen. Jede einzelne Zelle wird es prall füllen, bis sie alle vor Glanz erstrahlen. Die Poren deines Körpers werden vor Licht überfließen, und du wirst wie ein Regenbogen auf dem Meer zu tanzen scheinen.

Nebel

Ein Gebetsspiel

SPIEL

Das heutige »Gebetsspiel« kann jederzeit, und sooft du willst, gespielt werden. Aber Vorsicht, du solltest damit rechnen, daß dein Ego mit Traurigkeit auf den ersten Teil reagieren könnte, obwohl die Interpretation, aufgrund derer dies vorkommen kann, völlig unzutreffend ist. Wenn du diese Reaktion bemerken solltest, wird sie dir wahrscheinlich ein umfassenderes, glücklicheres und genaueres Verständnis des Spiels vermitteln, damit du, jedesmal wenn du spielst, alle drei Schritte mit einschließen kannst.

Die Welt, die du siehst, kann man mit einem Nebel vergleichen, der vor einem weiten und wunderbaren Bild der Schönheit aufsteigt. Während man den Nebel betrachtet, kann man sich leicht vorstellen, Gestalten aller Art zu sehen, sich bewegende Körper, Pflanzen, Gebäude und ganze Abläufe von Ereignissen. Was man jedoch sieht, ist tatsächlich nur das willkürliche Wirbeln des Nebels.

Jedoch kann man die Schönheit hinter dem Nebel noch ganz schwach sehen. Zuerst wird es so erscheinen, als ob sie aus den Nebelfiguren selbst herausscheinen würde. Man sollte sich deshalb erinnern, daß man zwei Dinge die ganze Zeit über sehen kann: den Nebel *und* die Schönheit. Jedoch sind sie völlig voneinander getrennt, obwohl es so erscheint, als ob sie sich in derselben Form vereinen.

Dieses Gebetsspiel wird es dem Nebel ermöglichen, etwas aufzuklaren, so daß du den Ursprung der Schönheit klarer sehen kannst. Du bist wie ein schlafendes Kind, das in den Armen seiner Eltern liegt. Du bist immer noch vom Schlaf eingehüllt, aber schon jetzt beginnst du die Arme der Liebe zu fühlen, die dich umfassen.

Teil Eins: Merke dir alles, was du wahrnimmst. Beobachte alle deine Empfindungen: Der Druck des Stuhles gegen deinen Körper, das Gefühl deiner Kleider. Werde all der verschiedenen Dinge gewahr, die um dich herum sind. Beachte Töne und Gerüche. Merke dir alle Erinnerungen oder Erwartungen, Gedanken jeglicher Art. Schließe nicht das Geringste aus. Sodann denke sinngemäß folgendes: »All das wird vergessen werden. (Dieser Stuhl ist genau wie dieser Ton, er wird vergessen werden. Die Empfindung, die dieses Kleidungsstück hervorruft, unterscheidet sich in keiner Weise von der des Lichts, das sich in diesem Glas reflektiert; es wird vergessen werden. Die Szene, an die ich mich gerade erinnert habe, ist wie dieser Körper; sie wird vergessen werden.) All dies, jedes Ding, welches ich jetzt wahrnehme, wird mit der Zeit vergessen werden. Und an keines davon wird man sich jemals wieder erinnern.«

Teil Zwei: Mach jetzt mit diesem Gedanken weiter: »Alles was ich sehe besitzt einen unendlichen Wert. (Diese Pflanze ist wie diese Stromleitung; der Wert, den sie verkörpert, ist unendlich. Dieses Gefühl der Wärme ist wie dieser Himmel; sein Wert kann nicht bemessen werden. Dieses Atemgeräusch unterscheidet sich nicht von diesem Bild der Erwartung; es beinhaltet unendliche Schönheit.) Der Wert jeder Empfindung, jeder Idee, jeder Emotion ist unermeßlich.«

Teil Drei: Wenn auch die genauen Worte nicht wichtig sind, so komme doch mit dieser Idee zum Ende, denn sie bedeutet eine volle Anerkennung der Schönheit, die gleich hinter dem Nebel ist. Und diese Schönheit ist dein Zuhause und dein Selbst:

Ich bin in einem Ozean der Schönheit.
Ich bin in einem Meer von Gott.
Ich höre nichts als einen Gesang der Liebe.
Ich sehe nichts als Großartigkeit ohne Ende.
Und alles was ich fühle ist ewiger Friede.

108
2

Gerichtssaal

Ein Vernunftsspiel

Anklagen und Verteidigen sind dasselbe. Tatsächlich hängt die Bedeutung des einen vom jeweils andern ab. Wenn dein Denken eine defensive Haltung einnimmt, erschaffst du damit deinen Angreifer. Wenn du einen Angreifer »siehst«, spaltest du dein Denken. Sicherheit liegt in Ganzheit und Akzeptieren und in dem Erkennen von Einheit. Sanftheit der Gedanken hat auf Gewalt einen heilsamen Effekt, denn sie erkennt, daß Zorn jeder Art ein Hilferuf ist. Die Annahme, daß man sich gegen die Realität schützen müsse, hat keinen praktischen Wert. Wenn es für dich wirklich hilfreich wäre, eine besondere Erfahrung zu umgeben, so würde Gott dich darin ganz speziell leiten. Einen anderen zu korrigieren bedeutet nicht, ihm oder dir selbst damit einen »Gefallen« zu tun. Gestatte deinem Geist nicht, weiterhin zu fragen, zu konfrontieren oder zu mißbilligen, denn wenn du anderen Irrtum oder Schuld unterstellst, wirst du nicht in einer geistigen Verfassung sein, den Segen, der dir angeboten wird, anzunehmen. Beantworte stattdessen jeden Hilferuf mit Hilfe, jede unschuldige Frage mit einem inneren Lächeln und Kopfnicken. Du bist ein Heiler, kein Zerstörer, und du gibst kein Urteil ab in Bezug auf die Form, in der deine Liebe und dein Verständnis gebraucht wird.

SPIEL

Heute hast du einen juristischen Beruf, und du hast ein bis dahin unbekanntes Spezialgebiet: gerichtliches Heilen. Dieser neue Beruf wird es dir erlauben, das wirkliche Gesetz zu vertreten, und die »Gesetze« der Illusion zu vergessen. Illusionen können nicht Gesetzeskraft haben, solange aber an sie geglaubt wird, wird es so scheinen als ob sie sie hätten. Was oft nicht erkannt wird ist, daß der Geist äußerst aktiv bleiben muß, um den Glauben an das zu erhalten, was nicht vorhanden ist. Mit anderen Worten, er muß anklagen. Heilen ist nichts anderes als Ausruhen nach dieser Aktivität. Nur geistige Ruhe ist dazu erforderlich. Der Gerichtssaal, in dem du praktizieren sollst, ist wie immer dein tägliches Leben. Heute darfst du zwei »legale« und eine »illegale« Stellung innehaben. Die illegale Stellung ist die des Staatsanwalts. Diese Stellung wird dir nur heute von deinem Ego angeboten. Die zwei legalen Stellungen sind die des Verteidigers und Richters. Um sicherzustellen, daß du als Richter unbestechlich bist, wird es nicht deine Aufgabe sein ein Urteil zu fällen, sondern nur eine von zwei Funktionen auszuüben: Du kannst eine Sitzungspause anordnen, oder du kannst den Fall zurückweisen. Das Spiel wird nun folgendermaßen gespielt: Dein Ego wird dir einen Testfall »übergeben«. Es ist relativ leicht zu erkennen, wann dies stattgefunden hat, denn es wird erforderlich sein, daß du der Sache nachgehen mußt, indem du über den Nachweis der Schuld einer Person »nachdenkst«. Es ist nicht möglich, deinen Geist mit irgend etwas anderem als diesem Vorfall zu befassen, ohne damit anzufangen, einen Fall gegen etwas aufzubauen. Liebe kann dir die Vergangenheit oder Zukunft zeigen, aber dis wird immer von Freude gekennzeichnet sein, und wird im selben Augenblick die Gegenwart erhellen. In allen anderen Fällen ist jegliches Überlegen über das, was schon war, oder jegliches Vorwegnehmen dessen, was noch nicht passiert ist, egoistisch motiviert. Und das Ziel des Ego ist es, Belege herauszufinden die »beweisen«, daß jemand Unrecht hat.

Immer wenn du deinem Geist gestattet hast, in dieses unglückliche Verfahren verwickelt zu werden, hast du die »illegale« Rolle des Staatsanwaltes angenommen. Wenn du dir dessen bewußt wirst, hast du die Möglichkeit, stattdessen eine der beiden anderen Rollen zu wählen. Es mag leichter sein, zuerst die Rolle des Verteidigers zu übernehmen, und dann mit der Rolle des Richters zu folgen. Als *Verteidiger* kannst du deinem Geist alle oder irgend einen der folgenden Fakten klarmachen:

1. Veränderung findet nur in der Gegenwart statt.
2. Die Vergangenheit oder Zukunft dauern umzuschreiben ist unpraktisch, weil eine Entscheidung *jetzt* nicht erforderlich ist.
3. Damit vergangene Schuld oder künftige Gefahr überhaupt erörtert wer-

den kann, muß der Geist eigenwillig handeln, indem er bestimmte Szenen für seine Beweisführung auswählt, und jene, die sein Argument widerlegen würden, außer acht läßt.

4. Diese geistige Tätigkeit macht dich nicht glücklich oder sicher und gestattet dir deshalb nicht, gegenüber denen, die um dich sind, offen zu sein.
5. Was das Nachdenken über Vergangenheit oder Zukunft dir anbietet, willst du nicht haben.

Nun bist du bereit, die Rolle des *Richters* zu übernehmen. Als Richter kannst du die Klage zeitweise vergessen, oder du kannst sie für immer zurückweisen. Wenn du feststellst, daß du nicht die endgültige Zurückweisung gewählt hast, erinnere dich daran, daß wenn du wiederholt von dieser Art geistiger Aktivität zurücktrittst, im Augenblick wo du sie erkennst, (du also jedes Mal, wenn sie einsetzt, eine Pause anordnest), deine Unbeirrbarkeit bald die Kraft einer endgültigen Entscheidung haben wird. Diese Wirkung ergibt sich natürlicherweise daraus, daß du beschlossen hast, wachsam zu sein. Sehr bald wird ein Ego nicht einmal mehr den Versuch machen, dir diesen besonderen Fall zur Beurteilung zu übergeben. Und mit jeder Entscheidung, die du triffst, alle künftigen Fälle einen nach dem anderen zurückzuweisen, wird sich das Kraftpotential aller Angebote des Egos verringern, und dein daraus folgender Gewinn an Freiheit wird gewaltig sein.

Namen
Ein Wortspiel

Namen, Ausdrücke, Kategorien und andere Bezeichnungen werden von deinem Ego benützt, um in dir ein Gefühl der Isolation zu erhalten. Dies ist nur einer von Tausenden von »Beweisen«, die es für Getrenntsein besitzt. Weil »dein« Name verschieden ist von denen, die du anderen gibst, folgert dein Ego daraus, daß du von ihnen getrennt sein mußt. Angenommen dies ist wahr, dann folgt daraus, daß sie nicht berührt werden von dem was du denkst, und daß du unverändert bleibst von ihren Gefühlen und Gedanken. Dies ist keine glückliche Art das Leben zu betrachten. Sie führt in Einsamkeit,

Depression und in ein Gefühl der Bedeutungslosigkeit dessen, was immer du auch denkst und tust. All das ist in Wirklichkeit jedoch unbegründet. Du kannst alle Beweise, die dir von deinem Ego zur Untermauerung von Teilung und Getrenntsein gegeben werden, getrost zurückweisen, und das heutige Spiel wird dir helfen zu erkennen, daß du in der Tat diese Freiheit der Wahl hast.

SPIEL

Ersetze heute alle Namen durch nur einen einzigen. Was du auch siehst und woran du auch denkst, gib ihm freudig *deinen* einzigen Namen. Du kannst ein Wort verwenden, das dir vertraut ist und das du gern magst, oder du kannst von diesen hier eines auswählen: Gott. Liebe. Licht. Ich. Eins. Friede. Bitte versäume nicht, dich selbst in all dem einzuschließen, was du als eins mir dir benennst.

Gedankenprojektor
Ein Realitätsspiel

Heute wird ein einziges Prinzip des Wandels geübt werden. Es lautet so: »Der Zustand, in dem ich die Welt haben möchte, ist die einzige Maßgabe dafür, wie ich denken werde, daß sie *ist*. Heute wünsche ich, daß alles gut ist.«

Der Gehalt allen Denkens, und deshalb aller Situationen, ist einer von zwei Zuständen: Friede oder Konflikt, Wohlbefinden oder Angst, Sanftmut oder Angriffslust. Der Gehalt ist völlig von deinem Willen abhängig – äußere Umstände können allerdings nicht kontrolliert werden, wenn man sie isoliert behandelt. Was du an jeder Situation »magst«, ist ihr Inhalt, und nicht ihre äußere Form. Und du allein bestimmst den Inhalt. Aber der Inhalt wird sich nicht ändern, solange du dein Denken dazu benützt, die äußere Form anzugreifen. Da jeder Gedanke, den du denkst, innerhalb deiner Erfahrung auch in irgend einer äußeren Form erscheint, ist das heutige Spiel so angelegt, daß diese Beziehung zwischen Ursache und Wirkung deutlicher gemacht wird. Kurz gesagt, die Regel ist, daß die Form dem Inhalt folgt, und daß deshalb immer nur der Inhalt in Betracht gezogen werden muß.

SPIEL

Der Meister hat einen »Gedankenprojektor« erfunden, und da er weiß, daß du möglicherweise durch den weitverbreiteten Glauben beeinflußt sein könntest, daß die Gedanken innerhalb des Kopfes angesiedelt sind, hat er ihn mitten auf deiner Stirn angebracht. Wenn du nach oben greifst, und etwa zwei Zentimeter über deiner Nasenwurzel fühlst, wirst du selbst entdecken, welch ausgezeichnete Arbeit er geleistet hat, indem er diesen einfach als eine zusätzliche, papierdünne Hautschicht getarnt hat.

Natürlich wird dieser Projektor durch Gedanken aktiviert. Anstatt ihn anzuschalten, *wünsche* ihn einfach an. Wenn du kurz mit ihm spielst, wirst du feststellen, daß er zwei Besonderheiten hat: ein Lichtsignal und einen Korrekturschalter.

1. Das Lichtsignal enthüllt die innere Natur des Ablaufs der äußeren

Ereignisse. Anstatt sich auf alte Positionen verlassen zu müssen, wie »ich mag keinen Brei essen«, oder »ich lese gerne geheimnisvolle Geschichten«, brauchst du, wenn du diese Einrichtung benützt, weder im voraus irgend eine Sache zu entscheiden, noch wirst du etwas, oder jemanden, nach dem beurteilen müssen, woran dich ihr oder sein Aussehen erinnert. Vielmehr wird jedes Vorwegurteil deinerseits dich wahrscheinlich davon abhalten zu bemerken, wie der Projektor ruhig die Qualität der Situation einschätzt, in der du dich befindest. Diese Qualität oder innere Schwingung wird dir auf folgende Weise signalisiert: Ein ununterbrochenes und sanft sich ausbreitendes Licht bedeutet, daß der innere Gehalt ausschließlich Liebe ist. Lichtblitze und Dunkelheit, in der das restliche Licht immer schwächer wird, sind das Zeichen für dich, daß die Qualität der Situation von Konflikt und von Furcht bestimmt wird. Der Gedankenprojektor wird eines der beiden Lichtsignale auf alles, was du siehst, richten, so daß die jeweilige Qualität, obwohl der Übergang zuerst sehr fein zu sein scheint, unverwechselbar sein wird, wenn du genau hinschaust.

2. Wenn dir der Inhalt deiner gegenwärtigen Lebensumstände nicht gefällt, kannst du ihn durch die Bestätigung des Korrekturschalters so umwandeln, daß er dir Freude macht, und damit dennoch das Erscheinungsbild der Dinge unmanipuliert lassen. »Unmanipuliert« bedeutet, daß du es als normal empfindest, wenn äußere Umstände sich auf natürliche Weise ändern, ohne daß du die geringste Vorliebe oder ein Interesse an ihrem Verlauf hast. Ob du den Schalter betätigt hast, weißt du dann, wenn du ganz klar empfinden kannst, daß es jedem, der in deiner Nähe ist, gut geht und er auch glücklich ist. Wenn du jedoch noch glaubst, daß es für dich von Vorteil

oder auch nur von geringstem Nutzen ist, wenn jemand anders den Inhalt einer Situation weiterhin als konfliktbeladen erfährt, wird der Gedankenprojektor deinem Wunsch entsprechen und es nicht zulassen, daß der Schalter betätigt wird. Wünsche dir dann nur den Korrekturschalter »an«, und der Inhalt deiner Gedanken und damit der Inhalt deiner äußeren Situation wird sich von Furcht in Liebe, von Konflikt in Wohlbehagen umwandeln. Doch erinnere dich bitte daran, daß du wünschen mußt, daß er *für jeden* betätigt wird, der in einer solchen Situation ist.

Gedanken setzen das Ziel und lassen deshalb den Reisenden seinen Weg beginnen. Gedanken ebnen den Pfad oder machen ihn holprig, und sie bestimmen die Zeit der Ankunft. Jeder Gedanke ist nur ein Schritt in irgendeine Richtung und auf ein Ziel zu, das durch Schmerzen oder Frieden erreicht wird. Gedanken haben Konsequenzen, und ihre Resultate stellen sich sofort ein. Es ist *dieser* Gedanke, und nicht der vorangegangene, welcher der tatsächliche Gegenstand der Aufmerksamkeit ist, doch die Richtung des Gedankenstroms bleibt unverändert, bis ein neues Ziel gesetzt ist.

Freunde und Fremde

Ein Wortspiel

Auf wievieles in der Welt reagierst du und wieviel *siehst* du? Worauf immer du reagierst, stammt aus deiner Vergangenheit und ist nicht in deiner gegenwärtigen Situation anzutreffen. Deshalb siehst du es nicht, sondern du erinnerst dich nur daran. Worauf auch immer du reagierst, das kontrolliert dich, und von irgendetwas kontrolliert zu werden, heißt nicht frei zu sein. Auf alles zu reagieren bedeutet andauernd zu leiden. Zu lieben heißt, alles was du siehst davon zu befreien, wie du dich daran erinnerst. Das Jetzt und Liebe sind dasselbe.

SPIEL

Du wirst für deine Freunde heute etwas tun, was sie lieben werden. Du wirst so tun, als wären sie Fremde. Auch die Fremden selbst wirst du von deiner Freundlichkeit nicht ausschließen, denn sie werden zu alten Freunden werden. Sieh einfach jeden Freund als einen Fremden an, und jeden Fremden als einen Freund. Tu so, als ob du gehört hättest, daß sich dieser Freund einer vollständigen Persönlichkeitstransplantation unterzogen hat. Oder gib vor, daß ein Engel vor ihr Besitz ergriffen hat. Sie sieht vertraut aus, doch laß dir nichts vormachen. Sieh, wie viele neue Dinge du an ihr feststellen kannst. Hake alles im Geiste ab, und achte auf deine Freude an jeder neuen Entdeckung. Denn, erinnere dich daran, er ist innerlich völlig verschieden. Dies ist ein Spiel, aber was du siehst ist keine Selbsttäuschung. Und bei jedem Fremden, der dir heute begegnet, sag zu dir selbst: »Dort geht mein Freund, den ich ein Leben lang kenne. Ich weiß alles, was man über ihn wissen kann.« Erinnere dich an seine Geburt, an seine Kindheit, die Schmerzen und Enttäuschungen, die er erlebt hatte, und auch an die Höhenflüge und die Siege, in denen er glänzte. Und dann erinnere dich daran, daß all diese Wendungen des Schicksals der Ausdruck seines wunderbaren Selbst sind – einer Bewußtseinsform, die deiner eigenen aufs Haar gleicht. Dieser Fremde ist tatsächlich durch alles hindurchgegangen wie du. Du kennst ihn in der Tat. Du kannst ihn ohne Zögern lieben. Wenn du deine Fähigkeit übst, dich an diesen Augenblick zu erinnern, wirst du klar sehen, daß alles, was wirklich ist, jetzt ist, und alles was jetzt ist, neu ist, und alles was neu ist, immer und ewig ist.

Zauberstab
Ein Lichtspiel

SPIEL

An deiner Hüfte hat der Meister, gehalten von einer dünnen, goldenen Kette, einen Zauberstab angebracht. Er schaut dem einst weit verbreiteten Zauberstab sehr ähnlich, außer daß an dem Zauberstab des Meisters nichts in irgendeiner Weise geheimnisvoll, unerklärlich oder »magisch« ist. Wie du vielleicht erwarten magst, hat er mehrere anziehende Merkmale. Das spezielle Regenbogenmerkmal ist jenes, welches du heute benützen wirst. Die anderen wirst du leicht entdecken, wenn du das nächste Mal mit dem Zauberstab spielst.

Kannst du dir vorstellen, wie der leuchtend gelbe Gürtel einer Hummel diese glücklich macht? Oder wie entzückt eine Narzisse ist mit ihrem wildlederweichen gelben Gewand? Und der Himmel lächelt wirklich mit primelfarbenen Wolken, wenn die Sonne aufgeht, um ihn zu grüßen. Einen Moment lang schaut sie so aus wie das Lächeln eines »Rübengeistes«, eines ausgehöhlten Kürbisses, dem eine flackernde gelbe Kerze in seine Mundöffnung gehalten wird. Zieh deinen Zauberstab an seiner Goldkette heraus und berühre leicht jeden dieser gelben Lichtfunken, und die vielen, vielen anderen die du siehst, und dann tippe den *einen,* den du segnen willst, einmal an. All das goldene Licht, welches du gesammelt hast, wird in seinem Gesicht aufleuchten und durch seine Hände und Glieder fahren, und er wird Funken sprühen wie ein frisch entfachtes Feuer im Herd. Jetzt kennt er die Freude der Hummeln, die Sanftheit der Narzissen, und die Großartigkeit der aufgehenden Sonne. Schau noch einmal über diese liebliche Erde. Siehst du das purpurne Gewand, das den König schmückt? Es ist weich, wo es seinen Nacken und seine Handgelenke berührt. Und siehst du, wie friedlich die Heidelbeeren in dem purpurnen Schatten des Waldes schlafen? Keine Königin, die auf blauem Samt ruht, hat einen tieferen Schlaf. Und kein winziges Rotkehlchen, das in seinem blaugetönten Ei geborgen ist, könnte jemals sicherer sein. Deshalb streife mit deinem Zauberstab über die weiche Haut der Maulbeeren, und berühre die türkisfarbenen Täler zwischen den Wellen des Ozeans. Sammle das Licht der Pflaumen und der Vergißmeinnicht ein, des Lapislazuli und der mit Lavendel bewachsenen Berge in der Morgendämmerung. Wende dich jetzt demjenigen zu, den du mit Gelb berührt hast, und berühre ihn jetzt mit Blau. Sieh den Frieden eines blauen Himmels in jedem Teil von ihm. Sieh wie sein Lächeln sich entfaltet, wie das sich öffnende blaue Rad des Pfaus. Und laß seine Augen tanzen wie Saphire.

Folge jetzt mit Grün und dem rosigen Orange der Aprikosen, und mit dem Rot der Rosen. Und wenn du alle Farben des Regenbogens zu dem einen gebracht hast, den du segnen willst, vereinige sie alle in einem einzigen Ausbruch reinen weißen Lichts. Und laß diesen Gesegneten hell leuchten, eine strahlende Sonne, die auf ewig in den strahlenden Himmeln weilt.

Träumer

Ein Realitätsspiel

Es gibt kein Problem, das ein *ruhiger* Geist nicht beantworten kann, denn alle Probleme entstehen aus intensiver Gedankentätigkeit. Ruhe erlaubt eine sanfte Korrektur der Wahrnehmung. Wenn man irgend ein Licht sieht, bedeutet das, daß man keine Dunkelheit mehr sieht. Jeder Aspekt von Glück wird, wenn er durch geistiges Bestreben gewählt wurde, *alles* Glück mit sich bringen. Und wenn jemand glücklich ist, dann ist er auch liebevoll. Um einen ruhigen Geist zu erhalten, ist es hilfreich, liebevoll zu erkennen, was ihn stört. Dein Ego ist eine geistige Voraussetzung dafür, daß du nur ein Teil dessen bist, was du *siehst*, daß du ein einzelner Körper bist unter vielen. Wenn das wahr wäre, dann würde daraus in der Tat folgen, daß alles andere, was du siehst, eine mögliche Bedrohung darstellt. Was in deinem Interesse liegt, wäre dann nicht völlig im Interesse irgend eines anderen Lebewesens, obwohl die Interessenkonflikte zeitweise sogar so gering erscheinen könnten, als wären sie fast verschwunden. Wann immer du glaubst, daß eine Identifikation mit deinem Ego dir gut tun würde, stößt du deinen Geist in einen Gegensatz zu allen anderen Dingen, die er erfährt. Dies erschüttert natürlich deinen geistigen Frieden, und du bist nicht länger glücklich oder liebevoll.

Warum sollte dann sich irgend jemand dafür entscheiden, sich mit seinem Ego zu identifizieren? Weil die Voraussetzung (das Ego) schon akzeptiert worden ist. Wenn du nur ein Körper bist, dann mangelt es dir an etwas. Und wenn da ein Mangel ist, dann ist es vernünftig ihn zu beheben. Wenn du glaubst, du bist allein und sehr klein, dann ist der einzige Ort, wo du bekommen kannst, was dir fehlt, der, der nicht du selbst bist. Und wenn das, was nicht du bist, sich weigert mitzuarbeiten, sowie dies bis zu einem gewissen Grad immer der Fall ist, dann befindest du dich im Kriegszustand. Deshalb ist kein äußerer Kampf jemals erfolgreich. Die Vorgabe, daß du ein isoliertes Wesen bist, ist dabei nicht in Frage gestellt worden. Ruhe stellt diese Vorgabe automatisch in Frage und weist sie zurück. Du kannst nicht im Geist ruhig sein, ohne zu erkennen, daß du all das bist, was du siehst, und deshalb wünschst du in der Tat, daß alles gut sei.

Wie kann Ruhe diese Veränderung der Wahrnehmung zulassen? Weil das, was wirklich ist, auch offensichtlich ist. Wenn der Geist beschäftigt ist, versucht er, das Offensichtliche zu übersehen. Man braucht nicht zu suchen.

Man braucht nicht zu fragen, »Was bin ich?« Nichts braucht beantwortet zu werden, weil es über das, was ist, keine Frage gibt. Ruhe erlaubt dir, das zu sehen, was da ist, was dir nicht möglich ist, wenn du deine Gedanken bemühst, suchst, konfrontierst, wegnimmst, streitest. Man kann getrost glücklich sein. Es ist praktisch, wenn man vertraut. Es ist intelligent, wenn man liebt. Es ist nicht nur würdig und ehrenvoll – es ist ruhmreich, liebevoll und freundlich zu sein.

Wenn du willst, kannst du heute die Welt »beherrschen«. Jedermann, jedes Ereignis, alles wird deinem Willen unterworfen sein. Um dies tun zu können, wird nur eine Eigenschaft von dir benötigt: Unschuld, totale und vollkommene Unschuld.

Wie erreicht man eine solch machtvolle Stellung? Man braucht es nur abzulehnen, sich weiterhin täuschen zu lassen. Was wäre, wenn du schon alles unter Kontrolle hättest? Was, wenn nichts, die Welt mit eingeschlossen, sich außerhalb deines Willens befinden würde? Was, wenn alles schon immer von dir abhängig gewesen wäre, und du diese Tatsache nur vergessen hättest? Allein die Erinnerung daran würde dir dann die volle Macht zurückgeben. Du bräuchtest niemandem irgendetwas zu tun, um sie zu bekommen. Keine äußere Intervention wäre nötig. Du würdest einfach nur sagen: »Ich erinnere mich jetzt; ich habe die Kontrolle. Wie also möchte ich dann, daß alles sein soll?«

Um etwas zu kontrollieren, brauchst du nicht zu glauben, daß es unter deiner Kontrolle sei, wenn du nur gewillt bist, so zu *handeln, als ob* dem so wäre. Wenn jemand eine Hantel aus Papier machen und dich auffordern würde sie zu heben, selbst wenn du nicht glauben würdest, daß du etwas, was so schwer ausschaut, aufheben könntest, so könntest du, wenn du es versuchen wolltest, sie ganz leicht hochheben. Das heutige Spiel ist wirklich ein Spiel der Bereitwilligkeit. Du wirst darum gebeten, einen Gedanken im Gedächtnis behalten zu wollen, diesen einen Gedanken nur, den ganzen Tag lang. Du brauchst nicht daran zu glauben, sondern nur so zu denken, als ob du daran glauben würdest. Denken »als ob« ist etwas, das man häufig in Fantasien macht. Obwohl man die Vorgabe nicht unbedingt glaubt, erlaubt man seinen Gedanken, nachzuvollziehen, was aus der Vorgabe folgern würde, wenn sie wahr wäre. Und genau das ist es, wozu die meisten Spiele in diesem Buch dich auffordern. Die heutige Vorgabe jedoch könnte dein Ego erschrecken, denn es weiß, daß du keine weitere Verwendung für ein Ego hättest, wenn du die Idee vollständig akzeptieren würdest. Hier also ist das Spiel.

SPIEL

Erinnere dich heute an diesen einen Gedanken: Als du heute morgen »aufgewacht« bist, bist du gar nicht aufgewacht, sondern nur von einem Traum in einen anderen übergegangen. Der heutige Tag ist also immer noch dein Traum. Du bist jetzt genausowenig eine einsame Gestalt, wie auch der einzelne Körper, dem in deinem Traum letzte Nacht deine ganze Aufmerksamkeit galt, nicht deine eigentliche Identität war. Du warst alle die Gestalten die du sahst, denn der gesamte Traum gehörte nur dir allein. Da alles, was passiert, sich in deinem Geist abspielt, wünscht du deinem Geist natürlich einen erfreulichen Traum. Und was du deinem Geist wünschst, wünschst du ebenso für deine Traumwelt, in der du lebst. Als Träumender kannst du nicht glücklich sein, außer, dein ganzes Denken ist glücklich. Wünsche deshalb dem Ganzen Frieden. Quäl dich nicht mit unversöhnlichen Gedanken, nicht einem einzigen.

Sage zu dir selbst: »Heute bin ich der Träumer dieses Traums. Alles ist deshalb so, wie ich gerne möchte daß es sein soll. Wie also wünsche ich es mir?« Und jetzt segne jeden Menschen den du siehst, alle Lebewesen, alle Dinge. Heute gibt es keine Dunkelheit, die außerhalb deiner Reichweite ist, denn nichts ist heute außerhalb von dir. Du lebst heute das, was in deinem Geist ist, und nur das. Heute gibt es keinen anderen Geist.

Sei deshalb für einen Augenblick ruhig, und vergib all dem, was in deinem Geist ist. Du wünschst dir einen Traum der Liebe, um dich darin zu bewegen, nicht einen Traum des zornigen Verurteilens und des Hasses. Heute ist dein Ziel ein völlig anderes: Du »beherrschst« die Welt. Und dein Wille verwandelt die Welt in ein Königreich des Lichts.

Reflektierender Teich

Ein Gebetsspiel

Um Frieden zu erfahren, brauchst du dich nur in dem Zustand zu üben, der es dem Frieden erlaubt, in dein Bewußtsein zu gelangen. Friede ist eine gegebene Tatsache. Er ist der Stoff, aus dem dein Geist gemacht ist. Du kannst von ihm wegschauen und denken, daß du ihn verloren hast, aber du kannst ihn ebenso wenig zerstören, wie du dich selbst zerstören kannst. Friede kehrt immer dann zurück, wenn du aufhörst, dich gegen ihn zur Wehr zu setzen. Die Bedingung, unter der du Friede in deine Gedanken eintreten läßt, ist sehr einfach: kein Krieg. Sobald du feststellst, daß dein Geist in eine Auseinandersetzung verwickelt wird, nimm innerlich Abstand davon. In einen klaren Raum, einen ungestörten Ort der Ruhe wird Friede freudig einkehren.

SPIEL

Stell dir deinen Geist als ein kreisförmiges Becken oder als reflektierenden Teich vor, in dem Gott immer leuchtet. Um den hellen, ruhigen Frieden Gottes tief in dir zu besitzen, ist es nur notwendig, daß du all die kleinen Wellen der Erregung, all die beunruhigenden Flecken von Groll und Verlangen und Furcht von deinem Geist wegwischst. Erlaube keinen dunklen Bildern irgendwelcher Art, die kristallklare Reinheit deiner Gedanken zu trüben. Deine *stille Achtsamkeit* wird die Inhalte deines Geistes beruhigen, wenn du ihr erlaubst, sanft vorzugehen. Ihre natürliche Aufgabe ist es zu läutern. Nur die starre und fixierte Ausrichtung deiner Achtsamkeit kann dich deinen Frieden kosten, denn Licht wird sich von selbst ausbreiten und Klarheit bringen. Übe dich heute darin, einen Geist zu haben, der ein unbewegter Spiegel der Klarheit ist, eine makellose Oberfläche, in die Gott sein Lächeln schicken kann.

Tatsachen

Ein Beobachtungsspiel

SPIEL

Eine Tatsache wirklich genau zu sehen, bedeutet die Grundlage für deinen Frieden und deine Sicherheit zu erkennen. Es bedeutet zu wissen, warum du vertrauensvoll ausruhen kannst. Wirkliche Tatsachen sind eine Beruhigung. Wenn der Gedanke oder die Sache, die du betrachtest, dich traurig macht, findet eine Interpretation statt, die nicht stimmt. Sobald du siehst, was wirklich auf all den verschiedenen Ebenen stattfindet, kannst du nicht lange unglücklich bleiben. Orientiere dich heute so gut an Tatsachen wie du kannst, und der Tag wird wirklich gut werden. Sag von allen Dingen: »Ich möchte dies genau so sehen wie es ist. Ich möchte es nicht dadurch entstellen, daß ich es beurteile.« Hier sind ein paar Beispiele von Tatsachen, die man auf einfache Weise sehen kann:

Tatsachen über Geld: Geld besteht aus kleinen Papierstücken und runden Metallscheiben. Das ist kaum etwas, wovor man Angst haben muß oder was man verwenden kann, um Selbstachtung zu erlangen. 2. Mit Geld kann man Dinge kaufen, aber Dinge verkörpern Erfahrungen. Was du haben möchtest, ist immer eine Erfahrung. Geld ist nicht der einzige Weg dahin. 3. Du bekommst, was du brauchst, um die Arbeit zu tun, für die du hier bist.

Tatsachen über Beziehungen: 1. Wenn du dich jemanden nahe oder fern fühlst, dann kommen diese Gefühle nicht aus der unmittelbaren Nähe des Körpers dieser Person. 2. Wenn du versuchst, jemand zu zwingen, dir körperlich nahe zu sein oder mit mir zu »verkehren«, dann heißt das, daß du dich seinem Willen widersetzt. Und sich dem Willen eines anderen widersetzen bedeutet, daß man sich von ihm zu trennen versucht. 3. Wer auch immer kommt, Gott hat ihn gesandt. Und Gott schickt dir, wen du brauchst – zu dem Zeitpunkt, wann du sie oder ihn brauchst.

Tatsachen über Wünsche: 1. Körperorientierte Wünsche sind nur Fehlinterpretationen deines tiefen Verlangens nach der Liebe, die du eigentlich schon verkörperst. Deswegen brauchst du sie nicht zu fürchten oder zu bekämpfen. 2. Wenn man etwas verbirgt, dann hält man daran fest. Und der Griff von Schuldgefühlen ist erdrückend. 3. Wenn du nicht länger glaubst, daß du etwas zu fürchten hast, wenn du Gott deine Wünsche zeigst, wird Gott sie nehmen und in einer Weise neu umsetzen, die dich segnet und segnet und segnet. Und so wirst du oder jemand anderer niemals verletzt werden.

Fragen

Ein Vernunftspiel

SPIEL

Jede Frage sagt dem Fragenden wo er anfangen soll. Jede Frage hält eine gewisse Beschreibung der Wirklichkeit für selbstverständlich. Jede Frage macht eine Aussage, die entweder wahr oder falsch ist. Beachte was die folgenden Fragen von dir zu glauben verlangen: Warum gibt es ein Ego? Wann begann es? Wann werde ich frei davon sein?

Es gibt wirklich nur zwei Arten von Fragen. Fragen, die keine Antwort haben, sind alle gleich. Sie fordern nur dazu auf, daß du verunsichert und zwiespältig wirst. Alle anderen Fragen enden in einer einzigen Antwort und wollen, daß du Erleichterung verspürst.

Heute wirst du wirkliche Fragen stellen. Bemühe dich nicht, sie dir selbst zu beantworten; gestatte einfach der Antwort, die deine zu sein. Wirkliche Fragen beantworten sich selbst und machen dich glücklich. Es ist deshalb gut, sie sooft du willst zu fragen. Wähle bitte eine oder zwei aus der folgenden Liste aus.

Wenn dies ein Traum ist, wo bin ich?

Wenn Gott mein Ziel ist, was wird daraus werden?

Wenn keine Zeit ist, was gibt es da zu tun?

Wenn Gott unser Ursprung ist, wer ist dann mein Feind?

Wenn Gott mich begleitet, wie fühle ich mich?

Muschelsammler

Ein Lichtspiel

Es gibt keinen Ort, wo nicht Liebe ist. Aber glaubst du das jetzt? Um Liebe zu sehen, brauchst du dir nicht den Glauben zurechtlegen, daß du es kannst. Liebe ist kein Ergebnis von Glauben, und ein Teil deines Geistes weiß das schon. Aber es ist notwendig, daß du, zumindest zeitweilig, deine Überzeugung fallen läßt, daß es jetzt irgendwo einen Ort gibt, wo du das völlig Unverfängliche nicht sehen kannst. Wenn du es für möglich hältst, daß Liebe aus einem Bereich deines Lebens ausgeschlossen ist, dann erzeugt die Angst, die du empfinden würdest, *falls* dieses Gesetz gebrochen würde, in dir ein

Verlangen, daß dies nicht geschehe. Deshalb wird es auch nicht geschehen, denn Liebe wird sich niemals gegen deinen Willen stellen. Heute sollst du dich darin üben, nicht Gottes Erscheinen zu bewirken, sondern der Vision zu erlauben, einfach zu *sein*, indem du von den geistigen Blockaden wegtrittst, die du in den Weg gelegt hast. Jedesmal wenn du einen ruhigen Augenblick hast, sprich einen ähnlichen Gedanken wie diesen aus: »Ich werde Liebe niemals dort sehen, wo ich sie nicht haben möchte. Heute werde ich alle meine dunklen Erwartungen vergessen und mich über jedes Zeichen des Lichts freuen, ganz gleich wo ich es finde. Weil ich nichts anderes suche, werde ich heute Gott finden.«

Wenn du jemals nach Pfeilspitzen, Tonscherben, wertvollen Steinen oder gar Münzen im Rinnstein gesucht hast, dann weißt du wie selektiv dein Sehvermögen sein kann. Wenn dein Geist eine bestimmte Ausrichtung hat, kann er alles andere ausschalten außer der Spur, die zu nur einem Objekt führt. Wenn du am Straßenrand nach Aluminiumdosen suchst, wirst du für die verschiedenen Pflanzen, die dort wachsen, kein Auge haben und umgekehrt.

Deine Fähigkeit zur Konzentration hat viel weitreichendere Ergebnisse als dir klar ist, denn dein Geist ist buchstäblich mit dem Geist aller anderen verbunden. Und was gleichermaßen wichtig ist, es gibt keinen Augenblick, in dem du diese Fähigkeit nicht irgendwie anwendest. Die Frage ist deshalb nicht, *ob* du deine Erfahrungen aussuchen willst, sondern vielmehr, *welche* Erfahrungen du haben möchtest.

SPIEL

Heute bist du so etwas ähnliches wie ein Muschelsammler am Strand. Du bist ein »Lichtsammler«. Du sollst nach Licht suchen, nur nach Licht, egal unter welchem Namen es dir auch begegnet. Hier sind ein paar Namen, mit welchen Licht manchmal gleichgesetzt werden kann: Sanftmut, Unschuld, Wohlwollen, Unbeschwertheit des Herzens, Freundlichkeit, Freude. Einen Tag lang hast du kein Interesse an Schuld, Klagen, Streit, Angst oder Beurteilen. Du greifst nicht die Anzeichen von Dunkelheit an. Dies zu tun hieße Dunkelheit sammeln. Du wirst sie lediglich übersehen, so wie du Seetang übersehen würdest, wenn du nach Muscheln suchst. Denn heute willst du nur Schönheit sehen.

Zu diesem Zweck hat der Meister an deinem Körper ein Wunder vollbracht, er hat dein Herz zu einem Gefäß voll Licht gemacht. Es wird sich durch die bloße Berührung eines Gedankens öffnen, falls dieser Gedanke Licht enthält. Jedesmal wenn du nur die leisesten Schimmer von Anmut siehst, schiebe einfach jegliche Schatten, die noch daran haften mögen, beiseite und pflanze diesen leuchtenden Teil Gottes in dein Herz. Wenn du dies gut übst, kann im Laufe dieses Tages ein Augenblick kommen, wo alles auf der Erde sanft zu strahlen scheint.

Zeitsparer
Ein Beobachtungsspiel

Bitte erweitere das heutige Beobachtungsspiel so wie du möchtest. Die Regeln werden erklärt und bestimmte Beispiele in Form von Experimenten vorgeschlagen, und danach können sich dir andere Wege auftun, die Regeln anzuwenden. Es macht nichts, wenn dies nicht geschieht, denn die aufgelisteten Experimente werden mehr als ausreichend sein, um deine Spielzeit auszufüllen.

Eine Art und Weise, wie du dich manchmal selbst unglücklich machst, besteht darin, daß du denkst, du könntest die Zukunft bestimmen. Dein Ego, das glaubt, daß es viele Richtungen gibt, in denen du vorangehen kannst, argumentiert, daß diese vorausgesehen und beurteilt werden müssen, und eine davon zu wählen ist. Da es denkt, daß dieses geistige Verfahren immer angewandt wird, folgert dein Ego nun, daß, was immer du am Ende getan hast eben das war, wofür du dich von vornherein entschieden hattest. Diese Annahme, daß du auf Grund deiner Pläne handelst, führt unausweichlich zu Schuldgefühlen über das, was du getan hast und zu Angst davor, was du als nächstes tun wirst. Und all das muß nicht sein.

Wie in seinen anderen Überzeugungen ist dein Ego im Irrtum über das, was geschieht. Du entscheidest nie im voraus, denn *es gibt kein »im voraus«*. Du entscheidest immer jetzt, denn das Jetzt ist die gegenwärtige Zeit. Planen ist nur die Entscheidung des Egos, um jetzt *ängstlich* zu sein.

Entscheidungen fallen fortwährend. Sie sind keine gelegentlichen Ausbrüche von Energie, die dich in eine gewisse Richtung treiben und wiederholt werden müssen, bevor du weitergehen kannst. Ursache und Wirkung sind gleichzeitig, und alle Entscheidungen folgen einer Eingebung des Augenblicks. Deshalb ist es nie zweckmäßig »voraus zu denken«, außer wenn du dein Gesamtvorgehen festlegen willst.

Diese Art und Weise die Zeit zu sehen erschreckt dein Ego, das sich doch weigert, seine Annahme, daß Planung deine Handlung vorherbestimmt, in Frage zu stellen. Wenn du eine Verabredung zu treffen hast, dann wirst du das *jetzt* tun. Dies zu planen bringt nichts. Jeder Schritt, von dem du vielleicht denkst, daß er notwendig sei, um eine Reise anzutreten – Plätze reservieren, Fahrkarten kaufen, Koffer packen usw. – wenn er wirklich hilfreich ist, und zwar hilfreich in genau dieser Form, wird sich dann ereignen, wenn der Vorgang stattfindet. Du wirst dich an das erinnern, was gut für dich ist, und das vergessen, was du am besten vergißt – obgleich das, worüber dein Ego urteilt, das es »gut aussieht«, nicht unbedingt so ablaufen muß. Erinnern ist nicht eine Funktion der Angst. Vergessen ist eine Entscheidung des Augenblicks. Du wirst nicht geschützt sein, und dein Weg wird nicht leichter sein, wenn du dir darüber Gedanken machst, was zu tun ist.

Selbst wenn Urteil und Sorge, was ja Planung tatsächlich ist, die Zukunft vorherbestimmen könnten, so sind sie auf einer anderen, ebenso absurden Annahme gegründet: daß du jetzt intelligenter bist als dann, wenn der Zeitpunkt kommt, eine Entscheidung zu treffen. Sogar dein Ego wird zugeben, daß das ein Trugschluß ist, wenn es immer wieder feststellt, daß du nicht das tust, was du vorher »beschlossen« hattest. Wenn es dich beobachtet, wie du deine »Meinung änderst«, wird es zugeben, daß du besser informiert bist als zuvor und deshalb neu entscheiden mußt. Entweder wird es diese Interpretation deinen Handlungen zuordnen, oder es wird dir sagen, daß du verrückt bist.

Du sollst wissen, daß du dir diese ganze Verwirrung nicht zu eigen zu machen brauchst. Wenn du der Gegenwart vertraust, kannst du die Zukunft getrost außer acht lassen. Die folgenden kleinen Experimente werden dir zeigen, daß *du* alle Dinge *jetzt* entscheidest – und dein Ego nichts davon im voraus. Vielmehr muß dein Ego darauf warten, daß etwas passiert und dann zurückschauen und dem Geschehnis einen armseligen Beweggrund zuweisen. Dies ist die wirkliche Anziehungskraft von Schuld. Dein Ego kann das Schuldgefühl als »Beweis« dafür hernehmen, daß es (und nicht dein Selbst) das Ganze hervorgerufen hat. Und das ist der Grund, warum alles Zurückblicken dich niemals etwas Brauchbares lehren kann.

SPIEL

Gestatte diesem Gedanken, dich bei jedem Experiment zu begleiten:

Ich lebe nur in diesem Augenblick, es wird
niemals eine Zeit geben, wo es nicht jetzt ist.

Experiment: Wenn du heute mit jemand redest, dann mache in der Mitte eines Satzes in Gedanken eine Pause und frage dich, ob du weißt, wie der Satz enden wird.

Experiment: Wenn du dich das nächste Mal dabei ertappst, wie du über den Ausgang einer ungelösten Situation nachdenkst, beginne einige der Möglichkeiten gedanklich aufzulisten, die du für eine Lösung bevorzugen würdest. Nachdem dir eine große Anzahl davon eingefallen ist, stelle fest, wie viele von ihnen auf widersprüchliche Wünsche hindeuten. Weiß dein Ego wirklich, was es will?

Experiment: Du brauchst für dieses Experiment einen Kurzzeitwecker oder eine gewöhnliche Weckuhr. Beschreibe dir selbst genau in möglichst vielen Details, was du in fünf Minuten tun wirst. Schließe deine Stimmung ebenso ein wie deine Handlungen. Stell dann den Wecker und verbringe den Tag wie gewöhnlich.

Experiment: Wenn du an den folgenden paar Tagen am Morgen aufwachst, beobachte, wann du die »Entscheidung« triffst aufzustehen, und dann beobachte, wann du tatsächlich aufstehst. Du wirst sehen, daß es da unvorhersehbare Unterschiede gibt in der Zeit, die von deiner »Entscheidung« aufzustehen bis zu ihrer Ausführung vergeht. Manchmal wirst du fast sofort handeln; manchmal werden es einige Minuten und mehr sein bevor du dich erhebst; ein anderes Mal wirst du einfach feststellen, daß du aufgestanden bist, und wirst dich nicht erinnern, dich überhaupt »entschieden« zu haben. Dein Ego muß darüber rätseln, wann du aufstehen wirst.

Alle vorangegangenen Experimente – und du kannst dir andere ausdenken und sie ausprobieren – weisen auf eine sehr befreiende Tatsache hin: *Dein Leben ist dir nicht voraus.* Du schiebst keinen Wagen vor dir her, du fährst einen. Das bedeutet, daß du nicht nur deinem Leben als Ganzem vertrauen kannst, du kannst auch jedem einzelnen Augenblick davon trauen. *Es ist wirklich sicher, jetzt glücklich zu sein.*

Spiegelkabinett

Ein Realitätsspiel

Vermutlich kannst du dich an eine Zeit erinnern, als du in einem Ankleidezimmer mit Spiegeln standest, oder zwischen zwei spiegelnden Schaufenstern, und bemerkt hast, daß zusammen mit der reflektierenden Oberfläche hinter dir, die reflektierende Oberfläche vor dir dein Abbild immer weiter verdoppelt hat und es dabei immer kleiner und weiter weg erscheinen ließ. Spiegel können die Illusion erzeugen, daß es dich viele Male gibt, und daß jedes »du« eine andere Größe hat, und zwischen allen eine Entfernung oder ein Zwischenraum vorhanden ist.

In der Psychologie wird ein ähnliches Phänomen »Projektion« genannt. Hier jedoch wird das, was man sehen kann, ausschließlich dem geistigen Bereich zuerkannt. Man projiziert seine Gedanken, Gefühle, Meinungen auf einen anderen und glaubt, daß sie zu ihm gehören und nicht zu einem selbst. Besonders deutlich kann man dies beobachten, wenn eine Person eine andere laut kritisiert. Denke an jemand, den du lange und gut kennst, und frage dich, welche Art von Verhalten diese Person bei anderen am häufigsten verurteilt. Sie kritisiert natürlich das, wovon sie spürt, daß es ein Fehler in ihr selbst ist. Warum *erkennt* sie etwas so Offensichtliches nicht? Weil sie die Erscheinungsform ihres »Fehlers« gerade genug geändert hat, daß sie sich selbst dahingehend täuschen kann, daß sein *Inhalt* verschieden ist von dem, den sie in anderen sieht. Zum Beispiel denkt sie vielleicht, daß es ein Fehler ist, den sie früher hatte, aber jetzt nicht mehr, oder einer, den sie gern hätte, den sie aber nicht ausleben will.

Jesus' Feststellung »Wer eine Frau ansieht und sie begehrt, hat Ehebruch in seinem Herzen begangen« wird von vielen als übertrieben und hart angesehen. Im Gegenteil, sie weist tatsächlich darauf hin, wie schnell und leicht eine Veränderung eintreten kann. Du kannst deinen Geist nicht frei machen, indem du nur dein Verhalten änderst. Vielmehr ist es sicher, daß wenn die Aufmerksamkeit nur dem Verhalten gewidmet wird, es zu keiner Änderung im Denken kommt. Wenn du aber ein geistiges Wesen bist, dann änderst du alles, wenn du deinen Geist änderst.

Bist du ein körperliches oder ein geistiges Wesen? Wenn du nur ein körperliches Wesen bist, bedeutet Verhalten alles, und Denken in der Tat sehr wenig. Doch ist ein Mensch, der eines oder zwei oder alle Glieder, oder sogar noch mehr als das, von seinem Körper verloren hat, irgendwie weniger er selbst als er es vorher war? Gibt es irgend eine Grenze für den Segen, den er schenken kann? Kennt Gott ihn deshalb weniger?

Was du in andern siehst, bist du selbst. Laß dich heute nicht dadurch täuschen, daß dein Ego Spiegel benützt. Was du im Wetter siehst, wird nicht die »Stimmung« des Wetters sein, sondern deine eigene. Deine Arbeit, deine Regierung, deine Familie werden lediglich die Beweggründe spiegeln, die du selbst dir zutraust. Die Unterhaltung, die du gerade mitgehört hast, und von der du glaubtest, sie handle von jemand anderem, war nur über dich allein. Hat sie widergespiegelt wie fehlbar du zu sein glaubst, oder hast du von der Größe und Schönheit des Lebens gehört? Eben diese selben Worte hätten in tausend widersprüchlichen Bedeutungen ausgelegt werden können, und tausend verschiedene Egos hätten genau dies gemacht. Aber hast du die Wahrheit gehört? Mache jetzt eine Pause und höre noch einmal zu. Du hast nichts zu verlieren, außer einem abgenützten Selbstbild.

Du bist nicht klein und von zweifelhaftem Wert. Aber der erste Ort, wo du deine Großartigkeit sehen wirst, ist in den vielen Spiegeln, die dich umgeben. Laß dich von dem äußeren Ring der Bilder nicht täuschen, nicht von den Unterhaltungen aus zweiter und dritter Hand, den Büchern und Zeitschriften, den Nachrichtensendungen und den unzähligen Gerüchten, die verbreitet werden. Besitze sie einfach nur – sie alle ziehen nur an deinen Augen vorbei, um dich zu segnen.

Wie kannst du dich ändern, wenn du das nicht genau siehst und hörst, wofür du keine Verwendung mehr hast? Jedesmal wenn du dich von den Bildern deines Geistes loslöst, die du in den Augen eines anderen siehst, verlierst du eine glänzende und freudige Möglichkeit ins Licht zu treten. Laß heute alle Spiegel dein Loblied anstimmen. Laß niemanden und nichts ohne Liebe sein.

SPIEL

Es wird so aussehen, als ob dein Leben heute ganz normal verläuft. Doch sollst du wissen, daß du dich in Wirklichkeit in einem besonders angefertigten Spiegelkabinett bewegen wirst. Da es vom Meister selbst gebaut worden ist, ist dies natürlich keine gewöhnliche kleine Schaubude auf dem Volksfest. Dennoch werden alle Gesetze der Reflexion, mit denen du vertraut bist, zutreffen und werden die Grundlage für alle deine heutigen Erfahrungen sein.

Der Unterschied zwischen diesem Spiegelkabinett und einem solchen, das du vielleicht auf einem Jahrmarkt oder einem Volksfest gesehen hast, ist nur graduell. Alles über dich wird hier reflektiert: deine Gefühle, Gedanken, Worte, Verhalten ebenso wie dein körperliches Selbstbild. Und wie in einem gewöhnlichen Spiegelkabinett wird das Bild eines jeden Aspektes von dir, überall wo du hinschaust, viele Male wiederholt. Doch jedesmal wenn du es siehst, wird es auf irgendeine Weise übertrieben sein, so als ob die Wölbungen der Spiegel, in die du schaust, dies hervorrufen würden. In dem gewöhnlichen Spiegelkabinett befindet sich immer ein Labyrinth von Spiegeln, durch das du versuchst hindurchzugehen. Wenn du durcheinanderkommst und nicht mehr weißt was du siehst, kannst du sehr leicht an eine Oberfläche stoßen, von der du glaubst sie sei ein Raum. In diesem Spiel heute wird der Meister nichts tun um dich hereinzulegen. Du wirst nur in der Lage sein, dich *selbst* an der Nase herumzuführen. Wenn du dich aber daran erinnerst, daß alles, was du siehst, eine genaue Reflexion irgend eines Aspektes von dir sein wird, wirst du nicht mit dir selbst zusammenstoßen.

Solltest du Ärger fühlen, so ist dies das klare Anzeichen dafür, daß du vergessen hast was du anschaust. Wenn es darüber irgend einen Zweifel gibt, dann frage dich, ob du gewillt bist für einen Augenblick beiseite zu stehen und dir die Regeln des Spiels zu vergegenwärtigen. Wenn du einen Widerstand dagegen fühlst, dir diesen Augenblick der Ruhe zu gönnen, bist du *wirklich* verärgert. Doch gibt es einen einfachen Ausweg. Er beinhaltet nur drei Regeln. Wende sie schnell an, und du wirst wieder in der Lage sein, freundlich durch diesen Tag zu gehen.

Regel Eins: Kämpfe nicht gegen dich selbst. Diese bedeutet natürlich nicht nur, daß du dein Verhalten, deine Stimmungen, deine Gedanken usw. akzeptierst, sondern auch alles über jede Person, von der du glaubst, daß sie nicht du selbst ist. Erinnere dich daran, daß du heute in einem Spiegelkabinett bist, und »Akzeptieren« eigentlich nur Sehen bedeutet.

Regel zwei: Warte und schau ruhig umher. Warten bedeutet geduldig sein, aber Geduld bedeutet nicht, daß man etwas erdulden muß. Geduld ist dasselbe wie Wohlbehagen und ein freier Geist. »Umherschauen« erlaubt deinem Geist, seine Konzentration von all dem abzuwenden, was ihn blockiert haben mag. Erlaube dir einfach zu denken, was du denkst, zu sehen, was du siehst, zu tun, was du tust. Deine Aufmerksamkeit wird leicht umherwandern, und wenn du ausdauernd bist, wirst du allmählich eine gewisse Zuneigung für alles fühlen.

Regel drei: Denke gütig und sei zufrieden. Dein Geist kann lächeln. Hast du das gewußt? Versuche es jetzt gleich und du wirst es sehen. *Belustigung ohne sich über jemand lustig zu machen ist göttlich.* Lache leise über dich selbst. Sieh, wie jede und jeder sein Bestes tut. Es gibt niemand der nicht einen liebenswürdigen Schulterklaps und die leichte Berührung deiner Liebe verdient.

Am Ende des Tages, wenn du das Spiel auch nur eine kurze Zeit gespielt hast, wirst du wissen, was du daraus gewonnen hast. Dein Geschenk wird eine der goldenen Regeln des Glücks sein: Anerkennung ignoriert nicht was negativ und verletzend ist – die Antwort darauf ist *Heilung*. Ein Hilferuf verdient nicht deinen Angriff. Und jeder Mensch, der dich beleidigt, berichtet dir nur von seiner bitteren Not. Antworte mit deinem Wunsch, ihm einen Gefallen zu tun und ihn zu trösten, nicht mit deinem Wunsch, daß er eine noch größere Leere spüren solle.

Wenn du erkennst, daß das, was du nicht magst, in dir ist, weil du *vorziehst*, es dort zu behalten, wirst du dich selbst befreit haben. Du bist nicht länger ein Opfer der Welt, die du siehst. Und in deiner Freiheit liegt die Freiheit eines jeden Lebewesens.

Lichtbälle

Ein Lichtspiel

Licht fließt in die Welt deiner Wahrnehmung, sobald Gott in deine Gedanken eintritt. Dennoch ist Gott nicht weniger Gott, nur weil er zu deinem Geist kommt. Es ist unvorstellbar, daß er es *nicht* tun würde. Wenn du einen Teil deines Körpers »spenden« würdest, damit er in einem andern Körper Verwendung fände, so würde deiner aussehen, als ob ihm etwas fehlen würde. Dennoch liegt der Weg, auf dem du erfahren wirst, daß du Licht bist, darin, daß du Licht abgibst. Je mehr du gibst, desto heller wirst du leuchten. Es wäre bedeutungslos dir vorzuschlagen, daß dein Körper eines werden solle mit allen anderen Körpern. Selbst wenn dies möglich wäre, würde es doch die Vernichtung deines Körpers bedeuten. Jedoch das Licht in dir kann nicht anders, als sich dem Licht eines jeden, der jemals gekommen ist oder der heute kommen wird, für immer und ewig anzuschließen. Heute wirst du durch das, was aus dir kommt, lernen, was in dir ist. Gib deshalb nur Liebe. Du magst glauben, daß tief in dir Dunkelheit herrscht, doch dort ist nur Licht.

SPIEL

Über deine Schultern hat der Meister einen Behälter gehängt, der ganz nach einem Köcher oder einem Golfsack aussieht. Er enthält Lichtbälle, von denen jeder etwa die Größe eines Schneeballs hat. Es herrscht kein Mangel an ihnen, und jeder Lichtball ist in bequemer Reichweite. Wenn du einen herausnimmst, wird es anderen so erscheinen, als ob du dich nur am Nacken kratzt oder etwas von deiner Schulter abstreifst.

Immer wenn du einen solchen Ball hochwirfst und wieder auffängst, verdoppelt er automatisch seine Größe. Folglich ist es möglich, einen Ball so groß zu machen wie du es wünschst, indem du nur eine Weile mit ihm jonglierst. Da das Licht rein ist, genügt schon ein kleiner Ball, dennoch mach das Licht bitte so groß wie du denkst, daß es für die Arbeit, die du im Sinn hast, sein muß, und benütze so viele von ihnen, wie du als hilfreich empfindest.

Du kannst einen Lichtball überall hinwerfen, auf Personen oder Dinge, ganz wie du willst. Wenn er sehr groß ist, kannst du ihn mit beiden Händen werfen, so wie einen Basketball. Oder du kannst ihn wie einen Wasserball werfen, oder ihn wie einen Fußball köpfen, d. h. von deiner Stirn abprallen lassen. Du kickst ihn im Sprung oder machst einen Fallrückzieher. Er ist so leicht, daß du ihn sogar weg*pusten* oder mit dem Finger wegschnippen kannst. Du kannst also jede Art des Abgebens anwenden.

Sobald er auftrifft, wird er die Person, das Tier, das Gebäude oder worauf immer du gezielt hast, umgeben und vollständig erfüllen und zum Leuchten bringen – zum Leuchten, bis alles, was du sehen kannst, lieblich anzuschauen ist, geheilt und sehr glücklich.

Bitte beachte diese eine Regel: Wenn du fertig bist, mach für dich selbst einen ebenso großen Ball, wirf ihn über deinen Kopf und laß ihn über dir schweben, um dich herum und überall in dir – so lange, bis auch du so glücklich erstrahlst wie die Person oder die Sache, die du gerade gesegnet hast.

Wenn du die Lichtbälle für die Heilung deines eigenen Körpers benützen möchtest, wird das folgende Vorgehen sich als hilfreich erweisen. Sende das Licht erst überallhin zu jedem Menschen, von dem du annimmst, daß er ähnliche Schwierigkeiten hat wie du gerade. Laß dann das Licht dein Geschenk der Vergebung für all jene sein, von denen du fälschlicherweise denkst, sie verdienten Bestrafung, wie gering sie auch sei. Und nachdem du die sanfte Freude erkennst, die du fühlen kannst, wenn du vollkommen unschuldig wirst, laß den Ball mit dem heilenden Licht deinen Körper berühren und umhüllen, und dein Herz und deinen Geist erfüllen.

Spielzeug
Ein Realitätsspiel

Wenn du voller Ärger über jemanden dich schlafen gelegt hättest, und wenn du dich morgens nach dem Erwachen an einen lebhaften Traum erinnern würdest, bei dem diese Person verletzt worden wäre, würdest du erkennen, daß dieser Unfall im Traum nur ein Bild deiner eigenen zornigen Gedanken widerspiegelte. Und wenn du am nächsten Tag eine Fantasievorstellung hättest, in der diese Person krank werden würde, könntest du wiederum feststellen, daß diese Fantasiekrankheit nochmals eine Abbild deines eigenen Zornes war. Wenn du jedoch, bevor der Tag zu Ende ist, die Nachricht erhieltest, daß diese Person überfallen wurde, würdest du dann glauben, daß der Überfall gleichzusetzen sei mit dem Traum-Unfall oder der Fantasiekrankheit? Oder würdest du glauben, daß deine eigenen zornigen Gefühle sich gänzlich von der Mentalität des Straßenräubers trennen lassen?

Wenn du erkennen würdest, daß dies nicht der Fall wäre, würdest du dann auch noch erkennen, daß sich das Gewissen des Opfers von dem des Straßenräubers nicht unterscheidet, und ferner das des Räubers nicht von seiner eigenen bewußten Wahl, diejenigen zu überfallen, die hilfloser sind als er selbst? Und wenn die Gedanken all derer, die Zeugen des Raubes wurden, gleichermaßen ein Teil des Geschehens waren, wem war dann etwas vorzuwerfen?

Verantwortung und Schuld sind nicht dasselbe. Für das *Ego* ist alles was geschieht mit Fehlern behaftet, und deshalb ereignet sich nichts, woran nicht jemand »schuldig« ist. Die Lösung des Egos für diese unglückliche Interpretation ist der Versuch, die Schuld sehr eng einzugrenzen. Deshalb ist seine erste Antwort auf jedes Problem dahingehend, die »Verantwortlichen« festzustellen, und damit den Vorwurf gegen sich selbst zu entkräften. Indem es sich, aber so verhält, begrenzt es auch deine Wahrnehmung der tatsächlichen Verantwortlichkeit und deine Möglichkeit, Abhilfe zu schaffen und zu *helfen*.

Wenn der Überfall nur in deinem Traum oder in deiner Fantasie stattgefunden hätte und du stattdessen Nachricht von der Erkrankung dieser Person bekommen hättest, wärst du vielleicht versucht gewesen, dich schuldig zu fühlen. Vielleicht würdest du glauben, daß die Wahrscheinlichkeit größer wäre, daß deine zornigen Wünsche mehr mit seiner Krankheit als mit einer

Gewalttat zu tun haben könnten. In der Tat ist Krankheit ein Akt der Gewalt, und jemanden als ein Opfer von Krankheit darzustellen bedeutet, daß du es ablehnst, ihm das Geschenk deiner Heilkunst anzubieten. Da dein Ego nicht beurteilen kann, welche Wirkung deine Gedanken auf andere haben, wäre es da nicht besser, *für alles volle Verantwortung*, und *für nichts die Schuld* zu übernehmen? Jetzt hast du dich wenigstens in die Lage versetzt zu helfen. Liebe steht nicht beiseite – als hilfloses Opfer von Gewalt oder Schuld. Liebe ist nicht nur in dieser Welt, sie durchdringt diese Welt.

Es ist zu hoffen, daß du in deinem heutigen Spiel den Unterschied zwischen Verantwortung und Schuld klarer siehst, denn das wird dich in der Tat sehr froh machen. Die Schuldigen sehen sich selbst als hilflos, denn der Schaden ist angerichtet und die Ursache festgestellt und davon abgetrennt worden. DERJENIGE, DER SICH SCHULDIG FÜHLT, GLAUBT, ER SEI EIN OPFER SEINER SELBST. JETZT KANN ER NUR DARAUF HOFFEN, DASS ER AUF IRGENDEINE ART UND WEISE EIN OPFER DER LIEBE WIRD. Liebe erwartet nur deine freundliche Offenheit, *nicht deine Unterwerfung*, und sie hält für immer zu dir. Volle Verantwortung zu übernehmen bedeutet, Schuld als *nutzlos* zurückzuweisen. Wenn du dafür verantwortlich bist, wie du die Welt ansiehst, dann bist du auch vollkommen frei, sie anders zu sehen. Wenn du willst, dann spiele dieses kleine Spiel der Freiheit.

SPIEL

Als du ein Kind warst, spieltest du vielleicht ein Spiel, was in der Form dem heutigen ähnlich ist. Eines Tages hattest du dich über jemanden geärgert, und du hast dann deine Spielzeugfiguren vor dir aufgestellt. Während du die Miniaturmenschen wie Schauspieler in einem Bühnenstück hin und her bewegtest, wurde jede Figur mit einem anderen Gedanken deines widersprüchlichen Geistes in Verbindung gebracht, und du hast ein Manuskript angefertigt, in dem derjenige, den du nicht mochtest, bestraft und aus deinem Blickfeld entfernt wurde.

Nachdem das Spiel vorbei und die Spielsachen weggeräumt waren, warst du vielleicht erstaunt, als du dann die Person, die du nicht mochtest, wiedergetroffen hast und feststellen mußtest, daß ihr überhaupt keine »Lektion erteilt« worden war. Du wußtest, daß sich etwas ändern mußte, aber da du ein Kind warst, wußtest du noch nicht, daß Spiele, die aus Zorn und Schuld heraus gespielt werden, keine Lösung bringen.

Heute wirst du eine Spiel spielen, das funktionieren und deshalb wirklich Spaß machen kann. Jeder Mensch, den du heute triffst, wird ein Spielzeug sein, denn, obwohl sie alle ganz lebensecht aussehen werden, gehören sie dennoch zu der Gruppe von Robotern, die der Meister heute freigelassen hat, damit du mit ihnen spielen kannst. Er hat sie so programmiert, daß sie dich fortwährend unterhalten und erfreuen sollen, und da sie vollkommen auf deine Gedankenwellen abgestimmt sind, können sie ganz genau auf jeden Wunsch von dir reagieren. Nichts wird von dir verlangt, denn alles was sie tun, wird automatisch geschehen. Du brauchst dich für deinen Teil nur daran zu erinnern, daß die Roboter auf deine geistigen Schwingungen eingestellt sind und du sie deshalb in Bezug auf ihre Funktion durcheinanderbringen wirst, wenn du deinen Gedanken erlaubst, widersprüchlich zu sein.

Ein widersprüchlicher Geist sendet mehrdeutige Signale aus, und dies wird die Roboter veranlassen, in sich widersprechender Weise zu handeln. Wenn irgend ein Roboter, den du heute triffst, anfängt sich schlecht zu benehmen, verzeihe ihm einfach, und er wird sofort wieder seine Aufgabe übernehmen, dich glücklich zu machen. Was du auch tust, fang nicht an zu denken, daß du für *sein* launenhaftes Betragen verantwortlich bist.

Vorwurf ist eine Art Angriff, und sich selbst anzugreifen ist im hohen Maße widersprüchlich. Der Geist sucht beides, seinen eigenen Vorteil und seine eigene Bestrafung. Desgleichen wäre es ein Fehler, den Roboter verantwortlich zu machen, denn es würde dem Wunsch gleichkommen, allein gelassen zu werden. Ein Wunsch nach Alleingelassenwerden drückt kein Wohlgefühl aus. Die Alternative zum Selbstvorwurf liegt darin, *niemand* etwas vorzuwerfen. Nur Versöhnlichkeit ist die Antwort auf Vorwurf. Vergeben heißt nachgeben. Nachgeben heißt Vergessen. Die Macht deines Geistes zu vergessen ist weitgehend ungenützt. Vergiß zu urteilen, nur für einen Augenblick, und dein Geist wird geeint und voll Freude. Jetzt werden alle Roboter des Meisters ein eindeutiges Signal erhalten.

Laß uns für einen Augenblick die Zeichen betrachten, die um dich herum auftauchen, wenn du heute in einen Konflikt gerätst. Konflikt ist der Wunsch nach gegensätzlichen Realitäten. Obwohl man sich mehr als eine Sache wünscht, *verfolgt* man nicht alle gleichzeitig. Wenn dein Geist einen Wutanfall hat, wird er erst einer Sache nachjagen und dann einer anderen. Jeder Angelegenheit wird nur nachgegangen, um herauszufinden, was dir an ihr *nicht* gefällt. In dieser Verfassung ist dein Geist nicht glücklich und deshalb weiß er auch nicht, was ihm gefällt, sondern nur was er haßt. Und die Liste seiner Haßgefühle ist lang.

Man sollte sich vergegenwärtigen, daß Wutanfälle in jeder Geschwindigkeit auftauchen können. Du kannst langsam von einer Sache zu einer anderen übergehen oder aber sehr schnell. Aber Langsamkeit bedeutet nie, daß der Geist deshalb friedvoller ist.

Heute werden dir die Roboter des Meisters ganz klar zeigen, wohin du dich wendest. Jeder Roboter wird einen deiner Gedanken verkörpern, genauso wie jeder der Spielfiguren damals als du ein Kind warst. Der Roboter wird so aussehen, wie du es willst, handeln wie du es forderst und nur die Worte sprechen, die du hören möchtest. Laß dich nicht durch die Tatsache verwirren, daß dir das, was du siehst und hörst, nicht gefällt. Du siehst und hörst es gerade deswegen, weil es dir nicht gefällt. Bedenke, daß dir nichts gefällt und du dich allem doch zuwendest, wenn du dich in einem innerlich zerrissenen Zustand befindest. Vergebung ist der einfache Ausweg für dich und *der einzig gangbare*. Hör auf zu suchen und erlaube dir das, was du hast. Wünsche nicht, *sei* einfach.

Befreie deinen Geist von dem Überangebot an Zielen, und er wird ganz von allein zu einem einzigen Ziel zurückkehren, nämlich sich an allen seinen Begegnungen zu erfreuen. Du wirst erkennen, daß dies heute geschah, wenn keiner der Roboter des Meisters bekümmert ist, Schmerzen hat oder ihm sonst etwas fehlt. Es macht ihnen Freude, dir zu dienen. Sie wollen nicht anderes als nur das. Die »Roboter« wissen um deinen heiligen, heilen Zustand als »Kind Gottes«.

Dem Tiger ins Auge blicken

Ein Beobachtungsspiel

SPIEL

Vielleicht hast du Kinder erzählen gehört, daß wenn du einem angreifenden Tiger furchtlos und fest in die Augen blickst, er innehalten und zurückweichen wird. Das Wort, worauf es hier ankommt, ist »furchtlos« und nicht »fest«. Stärke liegt in der *Befreiung* von Furcht, nicht in dem Versuch, sie heraufzubeschwören. Im Erkennen der vorhanden Stärke liegt Gelassenheit. Man kann nicht das, was auf einen zukommt, ruhig betrachten, wenn man nicht sicher ist, wie es ausgeht. Gelassenheit ist Vertrauen, gestützt auf Realität – das Erkennen der Realität.

Die heutige Meditation ist sehr einfach. Immer wenn du Kummer hast, egal welcher Art oder wie stark, schau ihm gelassen entgegen, weich nicht zurück. Erlaube ihm, sich zu nähern. Erlaube ihm, in dich einzudringen. Sei einfach ruhig und lächle ihn eine Weile an.

Regisseur
Ein Gebetsspiel

Von all den verschiedenen und widersprüchlichen Interpretationen davon, was deinen Feind motiviert, die aus deinen vergangenen Erfahrungen entstehen können; und von einer gleichen Anzahl von Auslegungen, die in das Verhalten deines Feindes von einem anderen Beobachter hineingelesen wird; und noch einmal von genauso vielen durch einen anderen Betrachter, und so weiter und so fort, gibt es nur eine einzige Auslegung dieser Motivation, die exakt die innere Verfassung seines Herzens widerspiegelt. Alles andere wird lediglich jemandens projizierter »Denkzettel« aus der Vergangenheit sein. Erfahrungen werden nur durch die Erfahrung übermittelt. Die Gegenwart teilt sich selber mit. Das einzige Motiv in den Handlungen deines Feindes, das der Beachtung wert ist, ist dasjenige, welches dir gestattet, auf ihn mit Heilkraft und Liebe zu reagieren. Bittet er dich wirklich um etwas anderes? Wenn er sagt: »Greif mich an und mach ein Ganzes aus mir«, dann ist es seine Ganzheit, auf die er dich aufmerksam machen will, und er hat sich lediglich im Mittel geirrt. Wenn er dich auffordert, dich selbst anzugreifen, damit er ein Gefühl des Vorteils spüren kann durch den vergleichenden Verlust, den du erleidest, dann liegt sein Fehler immer noch im Mittel, und nicht im Endresultat, welches er anstrebt.

Sage ihm nichts über seinen Irrtum, denn dadurch trägst du zu seinem Glauben bei, daß er nicht vollkommen sei. Vereine dich mit seiner Ganzheit, und laß deinen Geist nichts anderes sehen. Deine spirituelle Vision wird ihn von selbst informieren. In diesem Augenblick hat er alles, was er braucht. Betrachte ruhig diese glückliche Tatsache, bis du siehst, daß sie auf dich gleichermaßen zutreffen muß.

SPIEL

Feinde sind nie neu. Sie sind alte Erwiderungen, keine alten Beziehungen. Die Person, die du gewählt hast, diese Rolle zu spielen, braucht nur in eine gemäßigtere Rolle *umbesetzt* werden.

Wenn irgend jemand heute zu deinem Feind wird, und du auch nur einen Augenblick lang glaubst, daß seine Interessen und die deinen im Widerspruch zueinander stehen, dann schreibe das Manuskript der Begegnung sofort neu, damit es einem anderen Zweck dienen kann. Anstatt ihm die Rolle des Räubers zu geben, ändere die Wirkung seiner Worte und Handlungen auf dich ab.

Worin besteht denn die Rolle deines Feindes? Besteht sie darin, von dir zu nehmen, oder besteht sie darin, dir zu geben? Er beschützt deinen Geist, indem er dir sagt, wann du von dir selbst nimmst. Und die Art, in der er von dir zu nehmen scheint, ist genau die Art, die du gewählt hast, um dir selbst etwas wegzunehmen. Gib ihm das, was er von dir will, und du wirst dasselbe erhalten. Verweigere es nicht. Mach ihn nicht zum Dieb, indem du es verweigerst.

Vergewissere dich aber, daß du seine Forderung nicht mißverstehst. Werde einen Augenblick lang im Geiste er selbst. Rede mit seinen Worten, und begehe seine Handlungen, und lerne das kennen, was er wirklich *in seinem Herzen* von dir will. Er möchte von dir, daß du das siehst, was du gern hättest, daß er in dir sehe. Nicht anderes als das. Er möchte, daß du in seinen Worten diese freundliche Interpretation hörst, die nach deinen Wünschen andere in deinen Worten hören sollen.

Von einem anderen Planeten

Ein Rückschau-Spiel

Dieses Spiel dient dazu, dir noch eine andere Möglichkeit zu geben, Leute, die du »kennst«, ohne Verzerrung durch die Vergangenheit zu sehen. Die Vergangenheit einer anderen Person wird dir nichts darüber sagen können, wie sie jetzt ist. Wie sie jetzt ist, muß man *jetzt* sehen, und wenn du dir ins Gedächtnis zurückrufst wie sie war, kann dich das nur dahingehend beeinflussen, daß du eine alte Reaktion auf eine alte Interpretation wiederholst. Unmut und Groll schreien danach, es in gleicher Münze heimzuzahlen, oder wollen zumindest im Geheimen über den Schaden eines anderen frohlocken.

Nichts davon fügt deinem Leben irgendeinen Sinn hinzu. Vergiß alles, was du »weißt«, und erinnere dich, welche Freude es macht zu lieben. Es ist ehrlicher glücklich zu sein, als recht zu haben.

SPIEL

Dein Planet hat kürzlich mit einem anderen Planeten namens »Erde« Kontakt aufgenommen. Alle, die ihn besucht haben, berichten, daß er sehr schön sei, und daß die Bewohner der Erde ganz freundlich seien, wenn man ihnen nur Gelegenheit dazu gibt. Letzte Woche wurdest du von deiner Regierung angesprochen und gefragt, ob du interessiert seist, an einem Austauschprogramm teilzunehmen, das gerade begonnen hat. Du gabst deine Zusage, und jetzt bist du gerade dabei, deinen ersten Austauschbesuch zu machen.

Der Austausch geht so vonstatten, daß zwei Leute, einer auf jedem Planeten, zustimmen, ihre Körper dort zu verlassen wo sie gerade sind, und dafür in den Körper der Person auf dem anderen Planeten hineingehen. Auf diese Weise braucht kein zufällig Anwesender über einen plötzlichen Austausch von Körpern erstaunt zu sein, und eine Anpassungsphase an die neuen atmosphärischen Bedingungen ist nicht erforderlich.

Der Austausch der inneren Wesen braucht nur zwei Sekunden. Und schon blinzelst du mit deinen Augen, und schaust dich zum ersten Mal auf der Erde um. Du weißt nichts über die Vergangenheit der Leute, mit denen du zusammen bist, und nichts über die Natur der Beziehungen, die der Körper, in dem du dich jetzt befindest, mit ihnen hatte. Vor dem Austausch hattest du zugestimmt, deine Erinnerungen zu löschen, auf daß deine Haltung nicht durch einen einzigen lieblosen Gedanken entstellt werden könne. Jetzt steht es dir frei, nichts anderes zu tun, als Wohlwollen auszusenden und um dich herum eine völlig neue Welt zu entdecken.

Schlüssellöcher

Ein Realitätsspiel

Das heutige Spiel geht davon aus, daß der erste Schritt als Erstes getan werden muß. Du mußt mit dem beginnen, was du siehst, und es auch aufrichtiger sehen, bevor du in der Lage bist, das zu *sehen*, was momentan unsichtbar ist. Da ein anderes Kind Gottes häufig als ein Körper angesehen wird, der in jeder Beziehung von dem Körper des Beobachters verschieden ist, muß Gleichheit zuerst auf dieser Ebene empfunden werden. Denn innerhalb der Gleichheit ist alle Einsamkeit und Bitterkeit verbannt. Um das zu erreichen, muß alles, was von dir *nicht* verschieden ist, anerkannt werden. Dies ist das

Herannahen des Lichts. Wie erkennst du dann das, was genauso ist wie du, eben dort, wo alles verschieden zu sein scheint? Du kannst nur anfangen. Sehen beginnt mit dem *Wunsch zu sehen*. Wie der Wunsch sich zum Willen vertieft, so erweitert sich das Sehen zur Vision. Sag dann: »Ich werde jetzt einen Augenblick verweilen und meine Sehnsucht, daß ich niemanden als Fremden sehen möchte, fühlen. Und laß mich mit dem Menschen anfangen, der jetzt gerade vor mir steht.«

SPIEL

Du magst daran gewöhnt sein, dir Körper als lichtundurchlässige Gestalten vorzustellen, die sich im klaren Raum bewegen; doch das Gegenteil ist der Fall. Man kann durch Raum nicht hindurchschauen, denn spirituelles Licht dringt nicht durch Raum. Körper sind wirklich wie Schlüssellöcher, von der altmodischen Art, durch die man einen heimlichen Blick werfen konnte, oder wie die etwas neueren Gucklöcher, die an Haustüren verwendet werden. Genau betrachtet, erlauben Körper einen vollen Ausblick auf die reale Welt. Es sind Raum, Entfernung, ein Gefühl der Trennung, die deinen Blick für die Realität blockieren, nicht Körper. Im Moment symbolisieren Körper für dich den Glauben, daß Entfernung existiert. Es ist jedoch möglich, Körper in einer Weise zu sehen, daß du Entfernung als Illusion erkennst. Um dir dies vollkommen mühelos zu ermöglichen, hat der Meister für dich eine einzigartige Sehhilfe konstruiert. Sie ist einer Brille sehr ähnlich, und doch so unauffällig wie Kontaktlinsen. Es ist eigentlich ein Energiefeld,.welches in der Schwebe gehalten wird, und welches so geformt ist, daß es deine Augen genau umschließt.

Gerade neben dem rechten Augenwinkel deines rechten Auges befindet sich jetzt ein mikroskopisch kleiner Hautsack. Immer wenn du möchtest, daß die »Brille« da ist, berühre in etwa diese Stelle leicht zwei Mal, und die »Brille« wird sich augenblicklich über dein gesamtes Sehfeld ausbreiten. Wenn du eine normale Brille trägst, dann brauchst du diese nicht abzunehmen. Wenn die Energiefeld-»Brille« aufgesetzt ist, wird der Raum zwischen dir und jedem Körper, den du siehst, automatisch von etwas erfüllt, was weit substantieller ist als das, woraus du gewöhnlich denkst, daß Körper bestehen. Natürlich gibt es nur eine Sache, die auf diese Beschreibung paßt, und das ist Liebe. Für die Belange dieses Spiels kann man sich Liebe vorstellen als Verehrung und Anerkennung, und als Dank. Deine »Brille« wird auf jeden Körper, den du siehst oder an den du denkst, eine Fülle von Anerkennung und Dankbarkeit ausstrahlen, und dies wird eine Umkehrung deines Wahrnehmungsbereiches bewirken. Was du siehst, wird dir zuerst wie Diamanten auf wunderschönem dunklen Samt vorkommen, oder wie Lagerfeuer vor dem kühlen Himmel einer Sommernacht. Die Körper werden dort sein, wo du die Lichter siehst, und während du sie mit wachsender Dankbarkeit betrachtest, wird es so scheinen, als ob diese Lichtpunkte sich ausdehnen und miteinander und mit dir verbinden würden. Diese letztere Erscheinung wird keine Täuschung sein.

Immer wenn deine Brille aufgesetzt ist, und du einen Körper siehst, sei so freundlich und denke etwa solche Gedanken: »Dort geht der wandelnde Mittelpunkt des gesamten Universums. Ich werde ihn verehren. Dort ist ein Spiegel, der, wenn ich es möchte, zum Herzen Gottes emporgehalten werden kann. Ich bin dankbar für solch eine Möglichkeit. Dort ist das Eine, das innerhalb meiner Welt der Begrenzungen einen grenzenlosen Segen aussenden kann. Ich bin froh darüber, daß es so nahe ist. Dort ist der erste Ort, wo ich meinen Retter sehen werde. Verdient er nicht meine Achtung?« Warte dann einen Augenblick, bis sich deine Welt der Bilder im Licht aufgerichtet hat. Der Raum wird zu Liebe, und Körper werden zu den Quellen, aus denen sich die Liebe ergießt.

Werden sie auf diese Weise betrachtet, sind Körper etwas, was *nicht getrennt* ist von dir. Körper sind die Orte, an denen du dich erst noch entdecken mußt. Entfernung ist etwas, was nicht vorhanden ist. Entfernung ist ein Trugbild, das zwischen Teilen deines Herzen liegt, doch ein Trugbild kann nicht wirklich trennen. Körper geben die Stellen an, wo du verbunden bist.

Wenn eine Entfernung groß genug wird, wird sie als »Zeit« bezeichnet. Zeit ist eine »große« Entfernung. Ein Körper erscheint von dir nur deshalb getrennt, weil du ihn in deiner Vergangenheit siehst. Sei eine Weile ruhig, und laß diese Wahrnehmung sich umkehren. Befreie alle Körper von Gedanken darüber, was du einmal warst. Erinnere dich an nichts über dich selbst, und Körper werden eine willkommene Öffnung ins Jetzt werden.

Erlaube deinem Herzen, schnell die Zeit zu überspringen, die dich von anderen trennt. Steh da, wo ein anderer steht, atme so, wie *sie* atmet, sehne dich nach Verständnis, so wie *er* sich sehnt. Sieh keine Unterschiede zwischen dir und ihr, denn Unterschiede sind Haß, und Haß läßt den Raum real erscheinen. Haß ist der Wunsch nach Abstand zwischen dir und einem anderen Menschen. Heute wählst du Liebe anstatt Entfernung, Verehrung anstatt Verdächtigung, und Dankbarkeit, daß dieser Körper, jeder Körper dir Zugang gegeben hat zur Möglichkeit, Gott zu sehen.

Drei-Zimmer-Haus

Ein Gebetsspiel

SPIEL

Das heutige Gebetsspiel möchte, daß du dir deinen Geist als ein Haus vorstellst, welches drei Räume enthält: den weltlichen Raum, den Lichtraum, und den Ort Gottes. Das Haus ist größer als jedes Universum und die Wände der Zimmer sind so dünn und nachgiebig wie Luft. Im ersten Zimmer, das bei weitem das kleinste ist, befindet sich die Welt der Zeit und der Wahrnehmung: seltsame Bilder jeglicher Art; Schmerz und Kommunikationslosigkeit;

und alles bewegt sich auf den Tod zu. Alles was hier zu leuchten scheint, leuchtet nur einen Augenblick lang und erlischt dann.

Im zweiten Raum ist nur Licht. Den Gesang des Himmels kann man diesen einen ewigen Tag lang vernehmen. Niemand kann den Empfang überbieten, der einem hier bereitet wird, und wo immer man sich hinwendet, ist Freude und unendlicher Friede.

Der dritte Raum ist eigentlich gar kein Raum, denn er hat keine Begrenzungen irgendwelcher Art. Hier ist der Ort Gottes. Tatsächlich umgibt er alles und liegt allem zugrunde, obwohl es aus dem Gefühl der Zeit und Entfernung, das noch den ersten beiden Räumen eigen war, so erscheint, als ob es ein Raum sei, zu dem man hinreist. Keine Worte können die Schönheit und Entrückung von diesem Ort Gottes beschreiben. Worte wurden geschaffen als Zeichen von Verschiedenheit, aber in Gott ist alles Eins.

Heute sollte kein Gefühl der Dringlichkeit deine Spielzeit begleiten. Zwei oder drei Spielabschnitte werden dir genügen, um den Gewinn aus dem Spiel zu empfangen. Beginne im ersten Raum deines Geistes und schau einfach herum, was es da zu sehen gibt. Während deine Aufmerksamkeit bei jeder Sache, die hier vorhanden ist oder an die du denkst, verweilt, sag zu dir selbst: »Leben muß mehr sein, als dies.« Diese Feststellung ist nicht als Verurteilung gedacht, sondern als Erkenntnis. Es *muß* mehr sein, was das Leben ausmacht, als nur dies. Jetzt bist du bereit, in den zweiten Raum weiterzugehen. Dies wird der einzige andere Raum sein, den du heute zu betreten versuchst, denn Gott ist schon mit dir, und sich zu bemühen, Gott zu betreten, bedeutet, daß man nicht versteht, wo Gott ist. Erinnere dich daran, daß um den zweiten Raum zu betreten, du nur durch eine Wand aus Luft hindurchzugehen brauchst. Stell dir vor, wie du auf die Wand zugehst und direkt davor stehen bleibst. Hinter dir liegen jetzt all die alten Bilder des ersten Raums. Vor dir ist ein nicht endenwollendes Leuchten, welches sich nach allen Richtungen ausdehnt. Du lehnst deinen Kopf in die Wand aus Luft und fühlst einen sanften Druck, fast wie die Haut einer Luftblase. Dieses Gefühl ist in Wirklichkeit eine Illusion, ähnlich der, die entsteht, wenn du deine Hand aus Eiswasser herausnimmst, und in Wasser von Raumtemperatur tauchst. Einen Augenblick lang wird das Wasser mit der Raumtemperatur im Vergleich ziemlich heiß erscheinen. Entsprechend ist die Wand aus Luft vor dir tatsächlich das Ende des Drucks. Aller Druck ist da, wo du jetzt stehst, und auf der anderen Seite ist Freiheit, mit nichts in dieser Welt zu vergleichen.

Jetzt bewegst du dich vorwärts, und beginnst durch die Wand aus Luft hindurchzugehen. Das Gefühl ist so, wie wenn du aus einem See zur Oberfläche emportauchst, oder wenn du die unter Druck stehende Kabine eines Flugzeugs verläßt. Fühle, wie die Wand aus Druck um dich herum nachgibt und an dir vorbeizieht, während du den Raum des Lichts betrittst. Alles, was du jetzt sehen kannst, ist Schönheit. Liebe leuchtet sehr viel heller und milder als tausend Sonnen. Wenn du an dir hinunterschaust, dann siehst du, daß auch du zu einem Lichtkörper geworden bist, genau so hell und umrißlos wie das grenzenlose Licht, das dich jetzt umgibt. Du schaust zurück, und der erste Raum ist von dem Licht weggespült worden. Du denkst: »Ich bin das Licht und ich bin in dem Licht. Das Licht ist alles, was ich sehe, und überall wo es leuchtet, leuchte ich mit ihm, für immer und ewig.« Und dann wird dein Geist ruhig, so ruhig wie lebendiges Licht.

Gehirnzellen
Ein Rückschau-Spiel

Von all den wahren Gesetzen von Ursache und Wirkung ist das am leichtesten erkennbare vielleicht das Gesetz, daß du das empfangen mußt, was du gibst, daß du das lernen mußt, was du lehrst. Jeder, der den liebevollen Versuch unternommen hat, diese Idee auf eine Beziehung zu übertragen, und sei es auch nur für ein paar Augenblicke, hat die unmittelbare Freude ihrer Auswirkungen verspürt. Das heutige Spiel wird dir einen Weg zeigen, wie man sich diese Anwendung vorstellen kann.

SPIEL

Der Meister hat unter Verwendung einer höher entwickelten Biofeedback-Technologie ein einzigartiges Modell einer lebensgroßen Puppe geschaffen. Sie ist in etwa so wie die Art, die du aufblasen kannst, um sie auf den Vordersitz deines Wagens zu setzen, so daß andere Fahrer nicht denken, du seist allein (eine Lösung, typisch für das Ego). Jedoch ist die Puppe des Meisters viel lebensechter, und sie besitzt spezielle Elektroden, die an deine Gehirnzellen angeschlossen sind. (Nur für die Zwecke dieses Spiels sollst du dir dein Gehirn bitte als den Ursprung deines Geistes vorstellen.) Welche Gefühle oder Gedanken du der Puppe gegenüber auch ausdrückst, sie werden direkt in dein Gehirn zurückgeleitet, und du wirst augenblicklich das haben, was immer du gegeben hast.

Der Meister ist so vorausschauend, daß er für jeden, den du heute treffen wirst, eine dieser Puppen als Ersatz bereithält. Das schließt sogar diejenigen mit ein, auf die »zufällig« dein Blick fällt, sowie deine alten Freunde und Bekannten. Jedesmal wenn du jemanden siehst, wird es dir so vorkommen, als ob du direkt eine deiner Gehirnzellen anschaust, und was du diese Zelle auch immer lehrst, lehrst du dich selber. In welche Situation du auch immer jemand anderen bringst, du wirst das Gefühl haben, in derselben Lage zu sein.

Wenn du heute über einen anderen denkst, »du bist anders und getrennt von mir«, dann ist die Lektion, die du lernst, die, daß du abgeschnitten und allein bist. Wenn du diesen Gedanken jedoch schnell abänderst in »wir bewegen uns gemeinsam, du und ich«, dann wird die Puppe deinem Gehirn die Lektion übermitteln, daß du mit jedem Lebewesen vollständig verbunden und ihm zutiefst bedeutsam bist. Versuche glücklich zu machen, und du wirst glücklich sein. Wenn du aber versuchst Schuld zu vermitteln, dann wirst du dich angegriffen fühlen.

Es gibt weder eine Grenze dafür, wieviel du dir heute selbst geben kannst, noch für all die zutiefst befriedigenden Eigenschaften, die du dir selbst direkt zukommen lassen kannst. Eine Vorsichtsmaßnahme könnte vielleicht hilfreich sein. Der Versuch, einem anderen Menschen zu »gefallen« – zu versuchen beliebt zu sein oder gemocht zu werden – ist nicht ein Akt der Liebe, obgleich dein Ego versuchen könnte, es als solchen auszugeben. Der Grund warum es das nicht ist, liegt darin, daß eine solche Haltung diesem Menschen eine Rolle zuweist und dadurch eine Forderung an ihn stellt, die, wenn er nicht auf eine Weise darauf reagiert, die du als fair empfindest, dich aus der Fassung zu bringen droht. Gib deshalb deine Geschenke der Liebe, ohne irgendetwas von denen zu erwarten, denen du dienst, und dein Tag wird reich an Geschenken sein.

Privatsekretär

Ein Lebensspiel

Das ist das einzige Spiel in diesem Buch, das »Lebensspiel« genannt wird. Es heißt so, weil nie eine Zeit kommen wird, zu der es nicht dein Glück vergrößern wird, dieses Spiel zu spielen.

SPIEL

Da er dich gut kennt, hat der Meister vorgeschlagen, daß du die Dienste eines Privatsekretärs in Anspruch nehmen solltest. Du kennst seinen Namen bereits; das heißt, du hast schon die Fähigkeit, seine Stimme zu identifizieren. Sein Name mag Jesus sein, Gott, Maria, innerer Führer, dein »tieferes Selbst«, dein inneres Wissen, deine geistige Gesundheit, dein Frieden, oder irgend einer von tausend möglichen Namen oder Begriffen, oder, wenn es dir lieber ist, kein Name, einfach Stille. Das Wichtige ist, daß, obwohl du erkennst, daß er dein Freund ist, du möglicherweise *nicht* Gebrauch von all dem machst, was er dir anzubieten hat.

Bitte übertrage ihm in völliger Sicherheit und wohlverdientem Vertrauen alles, was du jetzt als dein *Eigentum* betrachtest. Zum Beispiel: dein Haus, dein Geld, deine Kinder, deine Freunde, deine Karriere. Schließe nichts aus: Kleider, Gesundheit, Muße, deine geheimen Augenblicke, die Dinge, auf die du persönlich stolz bist, keinen deiner müßigen Gedanken. Denke daran, daß du ihn sofort und jederzeit entlassen kannst. Seine Hilfe wird dir nie aufgezwungen werden. Und obwohl dies sehr traurig sein wird, wirst du ihn wahrscheinlich viele Male entlassen, bevor du erkennst, daß dein Vertrauen in ihn wohlbegründet ist.

Dieser ruhige und sehr angenehme Freund mit all seinen Fähigkeiten als Manager, der deine Bedürfnisse und die eines jeden lebenden Wesens kennt, begleitet dich jetzt, wohin du auch immer gehen magst. Er wird dich nicht verlassen, auch nicht während du schläfst. Um dich seiner sicheren Weisheit zu bedienen, stell ihm jede Frage, die du nur hast. Aber flehe ihn nicht an, das wird nie notwendig sein.

Jetzt werden die Fragen, wem du mit deinem Geld helfen, wem du dein Haus öffnen sollst, wohin du gehen sollst und wann, nicht länger Entscheidungen sein, die du selbst treffen mußt. Du hast keine Laufbahn als die, auf die er dich von Augenblick zu Augenblick führt; keine andere Familie als seine gesamte Schöpfung; keine Zeit zum Töten, nur seine Freude zum Leben. Und die Befriedigung, auf die du so lange gehofft hast, wird daraus entstehen, daß du seiner Führung folgst, und nicht daraus, daß du deine Besonderheit oder dein Ansehen verteidigst, die nie fähig waren das Verlangen zu stillen, das du danach hattest, Gutes zu tun und gut zu sein in seinem Namen und in deinem.

Alle Entscheidungen, bei denen du dich ertappst, sie selbst treffen zu wollen, übergib sofort ihm, froh und mit einem leichten Seufzer der Erleichterung. Sag einfach, »*entscheide du*. Ich habe ganz gewiß nicht die Möglichkeit, die vollen Konsequenzen selbst der geringsten meiner Entscheidungen oder müßigen Wünsche zu erkennen.« Und das wird genug sein. Wisse jetzt, daß für diese Dinge gesorgt ist. Und wandle wieder in Frieden.

Radiergummi

Ein Rückschau-Spiel

Das heutige Spiel vereinigt in sich verschiedene Spielarten. Es soll dazu dienen, eine einmal gefühlte Freude zu wiederholen und dir ein Beispiel dafür zu geben, wie du alles in diesem Buch auf jede beliebige Art verwenden kannst. Es ist ganz besonders dazu bestimmt, dir zu ermöglichen, schmerzliche Erinnerungen und alte Szenen des Leids loszulassen, und außerdem kann es auch mit dem gegenwärtigen Augenblick gespielt werden oder mit Augenblicken, die man auf sich zukommen sieht.

SPIEL

Die drei Bereiche, in denen du am häufigsten nach deinen Erfahrungen suchst, sind die Worte, die du denkst und hörst, die Bilder, die du siehst, und deine Empfindungen und Gefühle. Auch in den beiden letztgenannten Bereichen ist dein Verstand schnell dabei, zu benennen und zu beschreiben. Heute wirst du versuchen, all die unnötigen Zwischenstufen zwischen dir und den Erfahrungen, die du machst, auszuradieren. Du wirst versuchen, das Leben *direkt* zu leben.

Übe zunächst, diese drei Bereiche zu *identifizieren*. Wenn du an eine beliebige Erfahrung zurückdenkst, werde gewahr, daß du Gedanken als Worte hörst, Gegenstände und Ereignisse als Bilder siehst, und als Reaktion auf jedes davon ein unterschiedliches Gefühl empfindest.

Schau jetzt nochmals auf diese Erfahrung zurück. Ersetze jedes Wort, das du denkst, durch das einzige Wort LIEBE. Verwende nur dieses Wort für jedes Wort, an das du dich erinnerst, das ein anderer zu dir gesagt hat, und auch nur dieses Wort für jedes neue Wort, das dein Verstand an die Stelle von dem setzen will, was du geantwortet hast. Jedes Wort, an das du dich erinnerst, das du gedacht oder im Geist als Begriff oder Idee ausgesprochen hast, jedes einzelne Wort, ersetze es jetzt durch das einzige Wort LIEBE.

Geh noch einmal zurück. Schau zurück auf die vielen Bilder in deinem Geist. Gesichter. Dinge, die sich bewegen oder ruhig sind. Halbe Bilder und Schatten. Was auch immer du siehst, ersetze es jetzt durch ein einziges Bild:

LICHT. Laß dieses Vorstellungsbild von Licht die dunklen Linien der Umrisse auflösen. Schatten sind nötig, um ein Bild von seiner Umgebung abzuheben, und statt solcher Schatten wirst du nur endloses Licht sehen.

Jetzt geh noch einmal zurück. Erinnere dich an jedes Gefühl, so wie es kam. Erinnere dich an jede Stimmung. Sei dir auch deiner gegenwärtigen Reaktionen bewußt. Und jedesmal wenn du dich auf ein Gefühl konzentrierst, wie verschwommen oder klar es auch sei, ersetze es durch das eine Gefühl: FRIEDEN. Sei still und ruhig und ruhe dich eine Weile in sanfter Stimmung aus.

Dieses eine Ereignis aus der Vergangenheit wird, wenn es derart erinnert wird, zu einer Quelle der Zuversicht *in der Gegenwart* werden. Es wird nichts übrigbleiben, was dich verwirren könnte, denn der Grund, aus dem du dich seiner erinnert hast, wird sich vollständig verändert haben. Und solltest du dein neues Ziel vergessen und dir statt dessen etwas Vergangenes oder Zukünftiges vorstellen, um dich schuldig oder als Märtyrer zu fühlen, dann halte dir eine einzige glückliche Lektion wieder vor Augen. Wenn du die dunkle Vorstellung eines Urteils erwartest oder dir zurückrufst, sieh nur Licht. Wenn du einen Gedanken hörst, der dich angreift, höre nur Liebe. Und wenn ein Gefühl von Konflikt in dir aufsteigt, fühle nur Frieden.

Mögen jetzt Friede, Licht und Liebe dein sein.
Heute und in den Tagen, die kommen.
Und in allen Tagen deiner Erinnerung
möge ein einziger Gedanke der Ruhe
deinen Geist segnen und trösten.

Epilog

Hier sind noch ein paar abschließende Vorschläge, die dir, wenn du ihnen folgst, zeigen werden, daß dieses Buch dir nicht nur einen weiteren unmöglichen Traum vorgeführt hat. Mit Sicherheit hast du reichlich Beweise dafür gefunden, daß die Welt voller »Wege« ist, die nirgendwo hinführen. In gleicher Weise gibt es viele Arten des einen Wegs, der zur Gewißheit führt. Die Unterscheidung zwischen diesen beiden Gruppen von Wegen ist klar. Eine behauptet: »Das Königreich Gottes ist in dir.« Die andere rät stets zu irgendeiner Art von Suche außerhalb von dir.

Aber es genügt nicht, dies zu wissen. Wenn dein Entschluß schwach ist, werden die Ergebnisse enttäuschend sein. Viel mehr ist erforderlich als nur den Weg zu kennen. Er muß gegangen werden, oder nichts hat sich wirklich verändert. Hier sind nun deshalb einige allgemeine Regeln, wie man die Ideen dieses Buches wirkungsvoll in die Tat umsetzen kann. Beginne deinen Tag, indem du das Ziel deines Lebens dir bewußt machst und ganz deutlich bestimmst. Dies kann nicht genug betont werden, denn ein Tag ohne Ziel, an dem du nur darauf wartest, was dir widerfährt, um dann zurückzuschauen und dich zu fragen, was es wohl bedeutet hat – ein solcher Tag wird auf keiner Ebene erfolgreich sein. Es bedarf nur eines oder zweier Augenblicke, obwohl auch mehr Zeit wirksam darauf verwendet werden kann. Nicht Dauer ist das Ziel; sondern *Klarheit*. Es ist gut, wenn du diese ruhige Zeit gleich hast, nachdem du aufwachst. Doch falls dies aufgrund deiner Situation nicht möglich ist, dann nimm dir diesen Augenblick für einen guten Aufbruch in den Tag sobald es geht.

Eine zweite allgemeine Regel besagt, daß du keine Angst davor haben sollst, deinen Tag noch einmal zu beginnen, wann immer du feststellst, daß du von deinem Weg abgekommen bist. Wieder kann ein Augenblick genügen. Erinnere dich an das Ziel, das du anstrebst, und daran, wer da ist, um dich »bei der Hand zu nehmen«. Bitte ihn um Hilfe, und dann fahr fort in dem was du tust in ruhiger Zufriedenheit.

Die dritte Regel folgt aus den beiden ersten. Bevor zu einschläfst, befreie dich von allem Ballast, den du trägst. Entlasse alles Wachbewußtsein aus deinem Geist, und danke der Liebe für ihre Geschenke, welche ewig sind. Erinnere dich daran, daß du deine Träume nicht deinem Ego überlassen mußt. Halte einen Moment inne, bevor du dich hinlegst, und sieh klar vor dir die geistige Grundstimmung, die du die Nacht über aufrechterhalten möchtest. Wenn du zwischendurch aufwachst und feststellst, daß du dich nicht wohl fühlst, versuch dich wieder auf Träume von Vergebung und Liebe einzustimmen. Erinnere dich jetzt, wie auch während des Tages, daran, daß ein *kleiner* Gewinn gar keinem vorzuziehen ist.

Wenn du aufrichtig ein Leben in Frieden führen und dir der Gegenwart der Liebe bewußt sein willst, dann wird dir dies auch zu einem gewissen Grad gelingen, ganz gleich, auf welche Weise du dies versuchst. Und du wirst ganz genaue Weisungen dahingehend bekommen, wie du die Rolle besser spielen kannst, für die du vorgesehen bist, um in die Welt Ruhe zu bringen. Wende deshalb alles, was du weißt zu diesem Zweck an. Es spielt keine Rolle, was du *nicht* weißt. Und jedesmal wenn du vergißt, versuch es wieder. Diese einfache und direkte Vorgehensweise wird dich viel weiter voranbringen, als du es auch nur im Traum für möglich hältst.

KOMM UND ERHEBE DICH MIT MIR

Du kamst daher im Winter und gingst zur Zeit der Lilien –
ich wünsch mir, daß du bleibst und meine Augen glänzen läßt,
und mir das Herz mit Liebe füllst,
damit es lächelnd dieser Welt begegnet, die du sahst –
und die du liebtest, wie du wolltest, daß ich liebe.
Mit diesem Blick will ich mich dir zuwenden
und meinen Retter in dir sehen in allem, das ich nicht verstand.
Die Welt ist neugeboren jetzt in mir, weil ich an deiner Liebe Anteil habe.
In meinem Geist, geheiligt und geheilt,
formt sich allmählich die Erinnerung an Gott.
Und ich erhebe mich zu Gott in all der wundersamen Schönheit,
die ich noch kannte, als ich mit dir als Einheit einst erschaffen wurde.

Dies ist ein Buch der Spiele.
Und überdies ein Spiel in sich selbst.
– *Hugh Prather*

Dies ist ein Verlag der Bücher und Spiele.
Und überdies ein Buch, ein Spiel in sich selbst.
– *Volker Rudolf Karrer*